摩梭仁者

云南宁蒗油米村

东巴口述史

孙庆忠 宋一青 杨多吉扎实 等 著

中信出版集团 | 北京

图书在版编目（CIP）数据

摩梭仁者 / 孙庆忠等著. -- 北京：中信出版社，
2024.7

ISBN 978-7-5217-6131-3

Ⅰ.①摩… Ⅱ.①孙… Ⅲ.①纳西族—民族文化—研
究 Ⅳ.①K285.7

中国国家版本馆CIP数据核字（2023）第 212452 号

摩梭仁者

著者：　　孙庆忠　宋一青　杨多吉扎实 等
出版发行：中信出版集团股份有限公司
　　　　　（北京市朝阳区东三环北路 27 号嘉铭中心　邮编　100020）
承印者：　北京盛通印刷股份有限公司

开本：880mm×1230mm　1/32　　印张：9　　　　字数：181 千字
版次：2024 年 7 月第 1 版　　　　印次：2024 年 7 月第 1 次印刷
书号：ISBN 978-7-5217-6131-3
定价：118.00 元

共同创作者

采录者
李管奇 梁海梅 孙庆忠 宋鑫 宋一青 田秘林 张艳艳 赵天宇 庄清菜

口述者
阿公塔 阿泽里 石玛宁 石农布 石文君 杨布里 杨多吉扎实 杨给苴 杨玛佐 杨泽礼

国际音标记音
和丽昆 衣莉

摄影
秋笔 左凌仁

（按姓氏音序排列）

目　录

在我国川滇交界的无量河干热峡谷地带，也就是金沙江的蝶形大湾附近，居住着一个古老的族群——摩梭人（纳西族的一个分支，他们自称"纳"或者"纳日"）的一个支系"阮可"，意思是"江边人"。他们散居于金沙江两岸，生活在四川省木里藏族自治县的俄亚纳西族乡、依吉乡，云南省香格里拉市（2001年12月17日前为中甸县）的三坝纳西族乡和洛吉乡，玉龙纳西族自治县的大东乡、宝山乡、奉科乡，以及宁蒗彝族自治县的拉伯乡，总人口约7 000人。

油米村隶属于拉伯乡的加泽行政村，其汉字谐音地名"油米"在阮可语中的含义是"团结的村子"。截至2020年底，这个村落有83户405人。除了两户冯姓汉族人家之外，其余81户皆为摩梭人，其中石姓28户，杨姓33户，阿姓20户。油米村的祖先从何迁徙而来？三大家族的东巴经书《超度经》记载了祖先迁徙路线图，他们通过超度仪式把去世的亲人送回祖先来的地方，超度的终点是遥远的喜马拉雅山。除此之外，依据石姓、杨姓和阿姓的《祭祖经》和家族谱系图推算，他们的祖先迁徙至此已有300多年的历史。

油米村位于无量河（即水洛河）近旁，这条发源于四川稻城，在三江口汇入金沙江的河流，是云南宁蒗彝族自治县和四川木里藏族自治县的自然分界。这条河是油米人的母亲河，每年农历四月收割小麦后和十月收割水稻后，村民都会举办尝新麦、吃新米仪式，为的是在河水上涨前和回落前将新麦、新米供奉给祖先。岁月流转间，三大家族就在这无量河畔的一方土地上，开荒造田，上山打猎，下河捕鱼，过着相对封闭的山地农耕渔猎生活。

我们因何而来？为东巴，为这个有东巴文化辈辈相承的神秘村落而来。2018年8月至2021年7月，三年间我们曾经六次驻扎油米村，全面挖掘村落文化，采录东巴口述史。

仪式：村民生活教育的课堂

东巴教是油米村的全民信仰，一年间有400多场驱鬼消灾仪式在这个小村子里上演，油米村堪称"仪式里的村庄"。作为东巴文化的传人，村里的9位东巴和 2 位侠武过着清贫的生活，常年履行着为村民安抚心灵的神圣职责。在外来者的感受里，每当东巴神鼓从房屋天井处落下，每当念诵东巴经的声音从土掌房中传出，身处其中的我们好像走进了历史深处，跨越时空的错乱感在那一瞬间顿时会萦绕心头。但对村民而言，仪式就是生活教育的课堂。东巴经像百科全书一样，告诉人们人与人、人与物、人与自然的关系。东巴就是生活中的智者、老师，指导人们的生产和生活，并在耳濡目染的仪式中完成教育过程。就此而言，仪式本身就是最鲜活的课堂。

我们曾于农历七月十三和腊月十三两度参与摩梭人的转山节，这是一年里村庄最为盛大的节日，也是游子们归乡团聚的时刻。全村人身着盛装赶往神山，男女老少遵循着祖辈的规矩，以烧天香、献经幡、堆松枝、撒香面等礼仪，表达对山神的敬畏与虔诚。在香烟缭绕中，摇板铃、吹海螺的声音此起彼伏，它们与东巴诵经交相呼应。这是油米人年复一年的生活，是这片山林里永远吟唱的乐曲。

我们也曾观看村民松次为其读大学的儿子举办的消灾仪式，松吉为其女儿诞生操持的起名仪式，阿泽里为其 13 岁的儿子举办的成年仪式，以及全村人为侠武石文君送行的超度仪式。在这里，油米人从生到死、从观念到行为，无不深受东巴教的影响，东巴经就是他们的生活准则。从这个意义上说，生活即是仪式，仪式即是生活。正是村民对传统的信守，以及东巴对自身文化的虔敬与真诚，才使这里质朴而深邃的东巴文化得以"原生态"地传续至今。

拜师：传习东巴文化的形态

为了全面呈现村民信奉东巴教的形态，探问东巴文化对乡村发展的价值，我们采访了全村8位东巴（因杨那本东巴无法用汉语交流，故此未能进行口述记录）和2位侠武，他们是这里东巴教的传承人，是摩梭人村落里东巴文化的守望者。数次走访后我们发现，他们早年学东巴几乎都是被迫的："外公生拉硬扯让我学东巴"（杨多吉扎实），"被父母安排做家族东巴传人"（石玛宁），"爷爷逼我跟他学东巴"（杨给苴），"父亲强迫我学东巴"（阿泽里），"大哥勉强我学侠武"（石农布），这些相似的经历跨越了时代界限，我们由此也不难想象历代东巴传人的共相命运。

为什么不愿意学东巴？因为学东巴太辛苦、太寂寞、太清贫。7岁受爷爷石英支扎实东巴启蒙、15岁退学拜石玉吓为师学东巴的石玛宁说："我一直跟着叔叔学到21岁，感觉有些不情愿了。当时跟我们同龄的都外出打工挣钱，他们都很自由自在。我们在家里整天学东巴，好像是父母亲给我们压下来的职责一样，不听父母亲的话也不行，感觉有点委屈。"从小跟随父亲学东巴的阿泽里这样讲述他的生活处境："我 2003 年结了婚，是出去打工的时候，父母帮我找的对象，我就同意了。我老婆杨嘎土很支持我做东巴，不会抱怨。其实做东巴的老婆还是有点恼火的，每个东巴的老婆都不容易。我们一年基本上有三四个月是在帮人家，春节这一两个月没有时间做家里的事情，都是我老婆做，有时需要男人帮忙做的活，她也自己做。我们两个现在轮流出去打一年工，今年她出去，明年换我。"

村里最年轻的东巴是杨多吉扎实的小儿子杨泽礼，他说："这些年，我心里一直有两个声音：以前害怕学东巴，现在不得不学东巴。我小时候对父亲有一些不满。父亲做东巴，母亲一个人照顾家里太辛苦了。我曾经想过，要是我做了东巴，家里的事情只能嘎玛一个人承担，而我只想好好挣钱养这个家，把两个孩子培养好。……这几年父亲念叨着要我学东巴，火塘边闲聊时他说自己老了，希望我能够学东巴。父亲一辈子辛辛苦苦地找齐了东巴法器、东巴经书，没有人传承等于他这辈子的心血全白费了。父亲在的时候我可以跟着他学东巴，有问题可以直接问他，他要是不在了我跟谁去学呢？"

他们是如何学东巴的？东巴文化传承的核心环节是收徒仪式和传艺过程。在东巴们的口述中，无论是对自己拜师学艺经历的讲述，还是"我收徒弟的心像水一样软"的深情，抑或是石文君口述侠武经书让女婿阿公塔记录的片断往事，都足以让我们感受到人性的温暖与文化传承的力量。

1966 年，杨多吉扎实悄悄地做了拜师仪式，正式拜外公石布塔为师学习东巴。"我的拜师仪式分为两步：第一步是拜外公学东巴，第二步是拜舅舅石英支扎实东巴学舞。这两步拜师仪式，顺利的情况下连着两天就可以做完，有些可能做完第一步后七耽八搁地要等很多年才能做第二步。我的两次拜师之间相隔了 13 年。1966 年拜外公为师时，先在我家房顶上烧一炉香，然后念《降威灵》经书后给神灵和师父磕头，这就是拜师了。当时'文革'已经开始，香炉里的香少少的，只是表示一下，不敢烧多，怕被别人发现。1979 年拜师学舞是在'文革'结束后，那时我外公年事已高，只好拜舅舅石英支扎实为师学东巴舞。……拜师学舞时我们每人要带一只公鸡和一瓶酒，但我哥哥杨格果没有带公鸡，他带了一块肉过去，所以那天 7 个人拜师却只有 6 只公鸡。我们有人背着锅，有人背着鸡，到山上的松林坪子举行第二步拜师仪式。石英支扎实老东巴身体不好，扎西农布把他背上山去。我们 7 个人在松林里拜师，学舞谱。……拜师的最后一关是在师父去世的时候，徒弟要送上有分量的礼物，最好是一头牦牛，再次是一头黄牛或一只绵羊，最次也要一只大山羊。外公去世的时候，我口袋里正好有 300 元钱，我用 300 元买了一头牦牛送给他，这是最好的礼物。"

我们采访的8位东巴中，石玛宁、阿泽里、杨给苴和杨布里是老东巴石玉吓的徒弟。他们的讲述不仅勾勒出了师父的性情、学艺的经历，也有被师父管教鞭打时忐忑的记忆。5岁就被爷爷逼着学东巴的杨给苴说："我10岁时石英支扎实师父去世了，就和阿泽里、石玛宁一起跟着石玉吓师父学东巴。我拜师的时候请师父到家里来，招待了一顿饭。那时候我们最多给师父一圈猪膘、一个猪腿子，给不起别的。那时候我们这里没电，每天晚上点松明学一本经书。我记性好，一个晚上可以学完一本。我们一直学到石玉吓师父不在的那天。……有一天晚上石玉吓师父打了我们，那件事情是我引起的。那晚阿泽里不在，我和石玛宁在学东巴（经书）。以前我们写字用的木板，用猪油擦一擦，再放一点火塘的灰，就可以在上面写字。那天村里有个老人在我写字板上画了一匹马。……师父就把我的写字板甩掉了……师父喝醉了，坐在火塘上面，我坐在师父下面，我们并排坐。他踹了我一脚，踹了石玛宁两脚。他在我身上打一下，在石玛宁身上打两下。那时候我们十多岁，心里有点害怕，我一纵步就跳了出来。后来我有点不好意思又转了回去，趴到他家天窗上偷偷向下看，看见石玛宁站在那里，师父拿着皮条，石玛宁的姐姐在劝架。……师父平常没有骂过我们一句，只教我们。我们在人家面前做什么仪式，如果做得不对的地方，他不会骂，他会好好地告诉我们怎么做，从头到尾地说给我们听。我们师父的心是好的，人是好的。"

阿泽里这样讲述他跟随师父学习的经历。"我12岁时拜石玉吓为师，拜师时有个仪式，烧了一笼香。我们拜师一般是过年的初一比较好，带着酒、猪膘、火腿那些，向师父烧香，磕头一下就好了。后来我跟着师父学了差不多20年。……2007年农历的二月初我们开始学东巴舞，跳舞学了大概一个星期。杨布里、石玛宁、杨给苴我们四个一起学的。我们去松林坪子那边，每人带一只公鸡，一点酒和吃的，到了就烧一笼香，烧香完才能学舞。……我们有一套学舞蹈的经书，书里有一本舞谱。石玉吓师父先给我们跳一次，然后要我们跟着跳一次。跳的时候这个动作不对，那个不对，他就会这样比一下来教我们。东巴舞类型有几十种，我现在会龙舞、虎舞、狮子舞、鹰舞、孔雀舞、鹤舞、大象舞、豹子舞、马鹿舞、野牛舞、水獭舞、蛇舞和牦牛舞，基本上舞谱里面的我全部都会。"

2010年石玉吓师父过世了。杨布里回忆说："我们四个师兄弟一起办师父的超度仪式，持续了七天七夜。阿泽里和杨给苴牵一条牦牛，我和石玛宁牵一条牦牛。因为师父是石家的，石玛宁是我师父的侄子，所以师父的超度仪式就是石玛宁主持，我们三个是他的副手。在师父的超度仪式上，不管是念经书还是跳舞蹈，我们都是很难过的。舞蹈和经书是配套的，边念边跳，外人看着轻松，其实整个过程很辛苦，我们做的时候汗水和泪水都滴下来了。"当东巴们用平静的语调讲述这些往事的时候，我们的心里涌动的是一股股暖流，为这份清贫生活里的师徒之情，为他们一辈又一辈对东巴文化的虔敬与信守。

为什么一旦学了东巴就要坚定地走下去？"80后"东巴杨玛佐如是说："我始终感觉我们肩负着一种将家族的或者叫民族的东巴文化传下去的使命，现在孩子们去读书，大学毕业了回来也可以学东巴。本来你就是本民族的人，你不学谁去学？你不做，谁又会来帮你完成这个任务呢？我希望下一代孩子们长大后能这样想，如果他们不学的话，只能从整个家族里面去挑选了。……我选择了这条路，如果不坚持的话，就对不起老祖宗，就会多灾多难。当我走上这条路的时候，就没有回头路了。老人说过学东巴你学到半途而废不做的话，你就会废掉这一生。我们民族不能没有东巴，最直接的是东巴要超度老人，老人过世都需要东巴去超度。没有人学东巴我们这个民族就完了。东巴就像灵魂一样，如果真的没有东巴，东巴文化真的是完了！"

目光：见证彼此生命的意义

油米村不是世外桃源，无法游离于这个时代的乡土社会之外。与中国的绝大部分村庄一样，油米的大部分年轻人外出求学务工，那么他们还能记挂自己的家乡，还能拥有传续东巴文化的信念吗？在我们第二次和第三次去油米村的时候，石玛宁和阿泽里两位东巴都外出打工了。为了让孩子读书，为了生活得更好些，他们不得不背井离乡。年轻一代东巴外出谋生、打工挖金的种种往事，既是他们个人的亲历，也是群体生活的回放。他们个人的生活际遇和生存形态，都跟中国社会重大事件有着密切的关联。

我问杨多吉扎实东巴，什么样的力量可以让村里的东巴文化活在老百姓的生活中？他的回答干脆——"耳濡目染"。当我继续追问："此时年轻人都已外出，东巴也不得不走在打工的路上，那么东巴文化还有未来吗？"他说："东巴文化是油米人心中的信仰，这个村的人，不思回来的还没有呢，因为这个地方好像一块磁铁，在吸引所有走出去的人回来。"他的回答温和而坚定。

在我们的走访中，东巴们对自己的文化都表达了几乎相同的情感。"有东巴文化的地方吃饭才香"（石玛宁），"在外打工也不曾忘记东巴"（杨玛佐），"再苦也要把东巴做下去"（阿泽里），"我们做东巴的，没有一个后悔的"（杨给苴），"我们本民族的文化是不能失传的"（阿公塔），"年轻人到了我们这把年纪也还会继续培养下一代东巴的"（杨布里）。可见，东巴们迫于生活压力即使身体远行，但精神却厮守在故土。也许正是因为这些守望者共同的心力，才让这个小村子始终饱含东巴文化传承的活力。

2018 年 8 月初访油米之前，东巴教、东巴经和东巴对我们来说是一个遥远的符号。不曾预期的是，与杨多吉扎实东巴的初次见面，让人感觉好像我们已经结识了多年。这份相遇与相投让我们此后的数次重访，常有归乡面见亲人之感，总能生出一份源于心底的温暖与期待。在油米村共度的日子里，他的讲述让我们一次又一次感动。他七八岁时，开始跟着爷爷学东巴。改革开放之后曾历时十余载在四川、云南的大小凉山等地搜寻、借阅并誊抄东巴经书。他说："东巴做仪式，不是简单的念经，不是简单的看病，本质是对人的教化，也是对自己的教化。东巴应该是严于律己的，是能深刻理解东巴文化的。"当往事一幕幕呈现、当泪水模糊双眼的时候，我们知道我们远道而来的角色已经不仅仅是记录东巴的各种仪式、挖掘村落文化，而是与他们的岁月同行，是和一个个鲜活的生命对话。

此时，村子里无数的场景宛如就在眼前。不论是转神山、祭水龙时听东巴诵经，还是跟着他们去做仪式，当东巴神鼓从天井下落至火塘近旁，当海螺声、板铃声、手鼓声和诵经声交相呼应，我们就好像被带入了神奇而魔幻的世界。这不仅是对摩梭人村落文化的参与体验，也是一次次对自我心灵深处的问询。

在村子里走访每一位东巴和侠武，听他们在泪水和欢笑中讲述自己的人生故事，带给我们的是一个又一个心潮起伏、情绪波动的日日夜夜。我们也由此深切地体会到了做东巴口述史的价值——表面上是在问询他者，实际上是在问询自己；表面上是在记录别人的过往，实际上是在叩问自己的心灵。正是这种在日常生活中的相互参照，见证了我们彼此生命的意义。

我们无法对东巴文化的未来做出预测，但无论是村子里不曾间断的仪式，还是虎头山上随风飘动的经幡，都让我们目睹了土地的力量、信仰的力量。我们知道，无量河和虎头山目睹了一辈辈油米人的喜怒哀乐，妖女峰和神马石的神迹传说让一代代东巴的心灵纯正无邪。而今，年轻的东巴常年栖居在现代化的都市，但他们也如前辈一样，始终把心安放在油米。恍惚间，我们分明看到东巴远行打工的身影，转瞬间又重温了他们在火塘旁诵经的凝重神情。在这里，对人世间苦难的悲悯、对东巴文化的忧虑，都是他们此时生活的真实写照！

孙庆忠

杨多吉扎实，1952 年生人。幼年跟随爷爷学习东巴，1966 年拜外公为师，"文革"之后曾历时十余载在云南、四川等地搜寻、借阅并誊抄东巴经书，为东巴文化的保存和传承做出了突出贡献。作为现今油米村资历和威望最高的大东巴，他能主持所有的东巴仪式，是东巴文化的代言人，自出师以来做过三场老东巴的超度仪式。2001 年，杨多吉扎实开始收徒传承东巴文化，门下有徒弟三人。2011 年受邀参加清华大学百年校庆，在此期间翻译了东巴经书《梭梭库》。

杨多吉扎实东巴

采录整理　孙庆忠　宋一青

访谈地点　宁蒗县拉伯乡加泽村委会油米村 60 号

① 杨多吉扎实东巴望着窗外沉思
② 杨多吉扎实东巴抄写经书

③ 杨多吉扎实东巴手抄经书《梭梭库》[1]

经文汉译：[2]

古时候没有天，从上方产生了三股气流，逐渐出现了云彩，云彩下来有了天。从前没有大地，从下方产生了一股气流，逐渐看到了雾气，再下来出现了大地。从前没有水，后来出现了镜子般亮堂堂的水。从前没有山，气流变成了猪头般的大山。从前没有悬崖，气流出现了阶跃般的悬崖。从前没有树，气流一变化，拇指般的树出现了，树梢上出现了大鹏鸟。大鹏鸟飞上天，往高处飞，飞向天；往底下飞，飞向大地。三颗星宿挡住了它的路，（它往）所有的方向都飞了一个遍。这时它下了六对蛋，孵化出了所有神仙鬼怪。

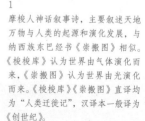

1
摩梭人神话叙事诗，主要叙述天地万物与人类的起源和演化发展，与纳西族东巴经书《崇搬图》相似。《梭梭库》认为世界由气体演化而来，《崇搬图》认为世界由光演化而来。《梭梭库》《崇搬图》直译均为"人类迁徙记"，汉译本一般译为《创世纪》。

2
本书中选摘的东巴经由油米村东巴亲笔抄写和翻译。

我于 1952 年农历三月十六出生，七八岁那会儿还没上学，跟着爷爷（亲爷爷的兄弟）学东巴。东巴文化是我们本家的文化，现在说是纳西文化。我们是纳西的一个支系，自称是"Moso"，汉字写成"摩梭"，本意是天人，"摩"是天，"梭"是人，意思是"天上来的人"。

大孙子要承担东巴的责任

我爷爷杨嘎土汝于 1891 年出生，属兔，1966 年去世的时候 76 岁[1]。他以前在永宁接触过美国的洛克博士[2]。当时，我们村的老东巴都不敢去见他，你家几本，我家几本，拿了一摞书，25 本。我两个爷爷拿这些东巴经书去泸沽湖的岛里会见洛克。洛克带着丽江的东巴和发廷（音）做翻译，叫我爷爷写三个字，我爷爷写了四个字，他说"好"。而后，我爷爷又从带去的经书中抽了一本《梭梭库》，念了一页。洛克本来是想送客，结果因为这本书与我爷爷结下了缘分。人与人之间是有缘分的，因果关系肯定有，不去总结不觉得，一旦去总结了就会发现这东西是实实在在的。

我爷爷的爷爷叫杨英支塔，他好像是村落里的首领，对东巴文化相当有影响，但是他脾气很不好，在四川和云南的冲突问题上是一个恶人，不是一个善人。[3]

1
油米人多用虚岁。——编者注
2
约瑟夫·洛克（Joseph F. Rock，1884—1962），美国人类学家、植物学家、纳西文化研究者。1922年起，洛克曾6次到中国，深入滇川地区进行研究调查。——编者注

3
在 20 世纪 80 年代以前，油米人和对岸的木里藏族人时有冲突发生。

家丑不可外扬，但我们做研究的应该实事求是，歪曲事实就不好了，丑就是丑，美就是美。

虽说是古老的东西，但东巴文化传到我爷爷这里后，他在东巴经书里创造了好多东西，对东巴文化做出了好多贡献。他的书写水平很高，留下来的经书还有四本。他写的老鹰，老远就看得清清楚楚，虎是虎，豹是豹。我们写出来，虎豹难分，牛马难分，是耳朵还是角，水平不高的人难以区分。我爷爷教我写经文，他写三个字，让我模仿着写，错一点，他的眼睛像钉子一样盯着我，火辣辣的，让人很羞愧。写不好了把你盯一会，让你重新写，话也不多，不是一星半点的严格。我们年轻时看过一部电影叫《林海雪原》，里面有个叫"座山雕"的人，和我记忆中爷爷的相貌像极了。我们年轻人给他取个绰号叫"座山雕"，因他的鼻子是钩着的，他看人"很痛"，盯着我们看，我们就快快地回避。他的眼睛对着人的时候会让对方感觉痛。我听说，以前的东巴会打人，我爷爷虽然从来没打过人，但是当他的眼睛盯在你身上的时候，你会有好痛好痛的感觉。

我活到 60 岁，感觉 2011 年从北京回来后写的东巴文才接近我爷爷的书法。当然，他对我们的教育也有不好的地方，他是个懒惰的人。他说："牛马不要喂，在永宁土司的脚下做百姓不要狠狠地挣钱，够吃就得了。"[4]

4 永宁土司制度始设于元朝，为摩梭人世袭土司，辖永宁州（今云南省宁蒗彝族自治县西北），历元、明、清、民国，至 1956 年废止。——编者注一个人做了东巴，就要规规矩矩的，不要偏左或偏右。爷爷对我的教育就是僵死的东西，死板就是他的教育方式。

我这个爷爷很死板，但我亲爷爷（杨生根独吉）很灵活，两弟兄天差地别。不过，两弟兄很和睦，他们之间差三岁，两人没有高声地争论过。在我的印象中，两个爷爷一直和和睦睦直到去世。

我爷爷不会抽烟，但强迫我学抽烟。因为他老人家打猎，以前火枪用火引燃，打熊、虎、豹，不会抽烟的人会忘了带火。我爸爸也不会抽烟，他们很高兴我学会了抽烟，我一直抽到 1990 年才丢了烟杆。我爷爷不会喝酒，我爸爸不会喝酒，见到我喝酒醉醺醺的，我爷爷特别高兴，"你是大孙子，应该学东巴，东巴的责任你要承担，学喝酒就是东巴"。看见我喝酒、抽烟，老人都很高兴、很欣慰。我还没穿裤子、没成年就大碗大碗喝酒了，这可能就是我的福分。

外公生拉硬扯让我学东巴

我外公石生根独吉是相当牛的一个人，我们全村公认他是我们村的英雄。外公属猴，1908 年出生，85 岁去世的，他的道场是我做的。

外公做人是了不得的，29 岁已经打了 6 头熊，打的麂子、岩羊不计其数。他打了熊，把村里的老人都请来，烧肉、煮肉，把油炼出来，有些老人喝半碗，有些老人喝三碗。那年他疯了，跟着木里的活佛走了一年，把打猎戒了，病就好了。他用枪杀过人，藏族人把我们的牲口骡子、马抢去了，他带着几个人一直撵，周旋了三天，打死两个人，东西全部抢回来了，连藏族人的东西都抢回来了。抢回来的东西，牲口是谁家就谁家的，其他的上交永宁土司。有个叫杨银甲的彝族人来抢人，我外公把人给抢回来，把他狠狠揍了一顿，逮回来了。

外公是个顶天立地的人。他的媳妇不是他爸爸娶给他的，而是他自己去稻城县娶回来的。我的藏族外婆是个相貌、心灵都相当温和的人。我 5 岁的时候外婆去世了，去世后的第二天她的婆婆也去世了，两个人是从自己家里一起被抬走的。我外公只有一个独生女——我妈妈，我妈妈像外公，外貌像，性格也像。

外公很勤快，跟着他没有饿肚子的时候。比如说打猎，他懂得猎物的来龙去脉，熊走什么地方，人要坐在什么地方才放枪。后来我外公改用枪炮。野生动物肯定有个路线，不要以为它是那么大一坨就模糊地放枪，哪怕是一只山鸡、野鸡从什么地方路过，他都摸得透透的，看着它的一根毛瞄准，扣动扳机。他没有鞋子，可以边走路边编草鞋，我们办不到，我们坐下来慢慢编也不如他走路编得好。他说，打鱼的草鞋要宽，莎草做的鞋子走在石头上不滑，打猎的草鞋要窄。我外公一刻都不闲着，在火塘边做粑粑和糖果，手闲不住。我妈妈说，我大孙子农布宗布跟我外公有点像，有点勤快，我认为他可能就是外公的转世。

外公是我的一个向导，生拉硬扯地把我拉上东巴这条路。他说："你不学东巴，我就不是你的外公，我不要你这个外孙了。"我四年级退学，在家一年。"文革"来了，不准在家里学东巴，经书被当作"牛鬼蛇神"烧了，我重新回去读五年级和六年级。那时候我们上中学不考试，老师叫我们回家搞农业生产劳动。当时不允许学东巴，原来学过东巴的人都很害怕。我不准备学这个东西了，但我外公太倔强，他聪明过人，就我妈妈一个独生女，没有其他儿女，他很执着，把我拖到这条路上来了。"文革"时学东巴像地下党一样，面上学汉语，地下学东巴，就这样度过来了。我现在用的鼓是我爷爷的，其实是我外公找来的原料，他的鼓在阿公塔那里。外公手把手地教我鼓怎么做，拨浪鼓怎么做，他很细致地一点点教。竹篮、背粪的箩箩筐筐也都是他教我做的，竹子是这样剥的，编是这样编的，一丁一点细致地教。我爸爸没教过我编竹子，我爷爷更没有编过，他是个懒人，不过我外公书写东巴字远远比不上我爷爷。他说："你爷爷写的虎耳朵很小很小的，我们的虎耳朵写大了。你爷爷写的虎是虎，豹是豹，怎么我们一写就不像？"

我外公的二弟石甲阿独吉去世时，我幺外公石甲阿次尔服侍他二哥，喊东巴来。外公觉得他老人家去不了就叫我去，下去敬点香，不去不行。把他二弟送走了，第二年他也走了。外公84岁了还做超度仪式，手脚很灵便。他自己想做的不改变，不放弃，有股牛劲，也不争论。他一坐下来眼睛就闭上，不屑一顾，嘴上不说，（但）我的主意我不改变。我感觉我身上多少还有一点外公的牛劲，不跟别人争论，有不屑一顾的牛劲，最起码我不乞求别人。

成丁礼后悄悄的拜师仪式

我13岁那一年，家里的年猪生了只白色的独猪。爷爷喂猪的时候说："我家大孙子要成丁了。"我是大孙子，爷爷、父母、叔叔们都关注我。大孙子才关键，后面小的就有点淡了。

我的成丁礼是在正月初一。天刚亮，两个爷爷就在家里站着烧香了，太阳出来后又到集中的地点去烧香。鸡叫的时候天还黑，外头有敌人⁵在包围着我们的家，爷爷们不敢出门。天亮了，外面没有敌对力量了，爷爷们才到屋顶去烧香。香烧到一定的时候，我就要穿裤子和新衣服，一脚踩在猪膘上，一脚踩在米袋上。新裤子和新衣服是用妈妈自制的麻布做的。爷爷做法事的时候，在我头上抹了酥油，给我系上领带，说吉祥语"长命百岁，不病不痛"。

5
指当时与油米人时常发生冲突的周边普米族、汉族和藏族人。

仪式之后我就要去拜年了，这时候家家户户都在烧香，我挨家挨户磕头，他们会给我哈达。有一个舅舅叫石扎拉，是富农分子，给得最多，3元钱。做东巴的伯父给我2元，也有给1元的、5角的、5分的，还有一个舅舅给了我2分。我成丁礼收的现金是16元8角2分，我妈妈专门用这16元买了一口锅，说："这是我老大成丁礼的时候买的锅。"一个铁锅，做个留念，用了好几年。幺叔杨独吉品初给了我一条帆布的腰带和一双袜子，那时候都没有袜子，不知道幺叔是从什么地方弄来的。其他人也有给布的，布也收了好几件。富农舅舅给的3元钱是草绿色的，那版3元钱后来有银行回收、兑换的时候，我家的没找到就作废了，后来找到后被我扔在火坑里面了。现在想想当时不懂事，其实应该留下来做纪念。

1966年，我爷爷去世后不久，"文革"就开始了，经书被烧毁，我们也没有信心再做东巴了。可我外公是一个最固执的老人，生拉硬扯地要把我送上东巴这条路。就这样，在爷爷去世的这一年，我悄悄地做了拜师仪式，正式拜外公为师学习东巴。

我的拜师仪式分为两步：第一步是拜外公学东巴，第二步是拜舅舅石英支扎实学舞。这两步拜师仪式，顺利的情况下连着两天就可以做完，有些可能做完第一步后七耽八搁地要等很多年才能做第二步。我的两步拜师仪式之间相隔了

13年。1966年拜外公为师时，先在我家房顶上烧一炉香，然后念《降威灵》经书后给神灵和师父磕头，这就是拜师了。当时"文革"已经开始，香炉里的香少少的，只是意思一下，不敢烧多，怕被别人发现。1979年拜师学舞是在"文革"结束后，那时我外公年事已高，只好拜舅舅石英支扎实为师学东巴舞。

拜师学舞那天，我和石玉吓、石农布、杨格果、阿哈巴次尔、树枝村的石勇文、落科村的老表扎西农布一共7个人一起拜石英支扎实为师。阿哈巴次尔是我叔叔，碰上"文革"一直没有机会学舞，拜师学舞的时候他头发都白了。我们是两代人，却成了同门师兄弟。拜师学舞时我们每人要带一只公鸡和一瓶酒，但我哥哥杨格果没有带公鸡，他带了一块肉过去，所以那天7个人拜师却只有6只公鸡。我们有人背着锅，有人背着鸡，到山上的松林坪子举行第二步拜师仪式。石英支扎实老东巴身体不好，扎西农布把他背上山去。我们7个人在松林里拜师，学舞谱。大家跳了一阵子，学了一阵子，喝了一点酒。石英支扎实舅舅最爱喝酒，午饭后喝醉了，他告诉我们："你们自己跳，时常要留意，自己学到的东西就是自己的。如果有老人过世，你们去看别人是怎么跳的。鹰舞、虎舞、龙舞、狮子舞、孔雀舞、大象舞都是怎么跳的，什么神灵跳什么舞。你们今天拜师学了之后，以后有不懂的地方随时可以来问我。"当时一起拜师的7个人中，扎西农布已经去世了。

拜师的最后一关是在师父去世的时候，徒弟要送上有分量的礼物，最好是一头牦牛，再次是一头黄牛或一只绵羊，最次也要一只大山羊。外公去世的时候，我口袋里正好有300元钱，我用300元买了一头牦牛送给他，这是最好的礼物。给师父送礼物这件事我是很满足的，现在5000元都买不到牦牛了。

比一百年还漫长的十年

1966年，把爷爷送葬完的第二个月，东巴经书就被集中焚烧了，伤感的不是我们一家人，而是我们整个民族。"文革"的10年，对我们来说仿佛过了100年，这段历史太漫长太漫长了！苦也苦够了，饿也饿够了，累也累够了。我们信仰的东西、崇拜的东西根本不敢谈及。

烧经书的时候有人监督，我们只有一个"怕"字，再也不敢有其他想法。我爸爸从家里取出来三篮子经书，我也拿了三篮，送到烧经书的地方，其间是根本不敢吭声的，流泪也只能悄悄擦掉，因为这是"不应该"的。红卫兵戴着红袖章在监督，并喊着口号："打倒牛鬼蛇神，破四旧，立四新。"经书不是去挨家挨户搜的，而是要我们主动送过去一起烧毁。我伯父杨公塔当时是社长，胆子非常小，自己的经书一本都不敢留。我父亲、外公偷偷留了些和规程有关的经书，东躲西藏地换过好多地方。经书烧完之后，我又重新读了小学五、六年级。东巴文化在"文革"中受到摧残，但所幸挺了过来，生命力也更强了。

在这 10 年间，学做东巴是一件危险的事。村里的老人白天做不了仪式，只能晚上做，还要上山去林子里做，这些老人真的是"胆大包天"，特别是我的外公。大小仪式都藏着做，发现形势不对，就立马换个地方继续做。村里的东巴们彼此不敢交流这种事，但大多在偷偷做仪式。当时东巴很多，但是敢于偷做仪式的不多，我伯父也是东巴，怕得什么都不敢做，甚至一个东巴文字也不敢留。

当时村里也有毛泽东思想宣传队，队里有十四五个男性、七八个女性，凭借在周围演戏、宣传赚工分，常去的地方有加泽乡（现为加泽行政村）的每个村与四川的宁朗乡和俄亚乡的一些村子。我是其中一员，因为普通话讲得好，所以做报幕员。在做宣传队员的同时，我私下里还要学东巴。当时的这批人有的还在，有的已经去世了，我的老表——石玛宁的叔叔，也是其中一员，他的二胡拉得很好，不过已经不在了。当时我们这个位子是让人羡慕的，我们不劳动却也有工分。我们自己开荒，挖了地种上辣椒，成熟了卖掉换成钱再换成布。当时布是要布票的，我们就不用布票，宣传队可以用钱换解放军的那种黄绿色的军装，男的 10 套，女的 10 套，作为演出服。

当时想抽烟，但种烟是要罚款的。头一年我栽了 52 株烟，每株被罚了 2 块钱，直接从我的工资里扣了。第二年种烟被发现，一株烟要罚款 10 元。当时不准种烟，说这是资本主义的尾巴，必须割断。我们没有菜吃，种一些菜，也会被说是资本主义的尾巴，民兵、红卫兵发现了就会给你拔了丢掉。这段时间这也动不得，那也碰不得，真的是太漫长了。虽然 1976 年"文革"结束，但人们恐惧的阴影还在，我也不敢把东巴的身份公布出来。

当时我要学东巴，然而经书大多已经烧毁了。外公说，可以去找地方借经书，然后誊抄。爷爷是东巴，东巴们心知肚明，谁家有书，我们都知道。因此我出去求经书的过程持续了好多年，慢慢凑齐了所有的经书。四川、云南都跑遍了，拿一瓶酒作为交换就可以借得一本书，有时可以借到好多本。我爷爷很会做人，只要一提起我爷爷的名字，人家有多少都可以借给我誊抄。我到爷爷认识的人家去借书，他们都很高兴，对我很好。老一辈人都信任我、支持我。这一时期，我在学东巴这件事上得到了得天独厚的关照。有的经书念不通，我去求人家，人家一点都不保留，全部都教给我。老人都信任我，希望我成才。不只是我们家族和村里人，四川那边的老人也都信任我，只要我想学、去问，人家就会告诉我。

这一时期出去借经书，只能晚上去，白天还要上工，记工分。晚上去借经书，走在路上时提心吊胆的，最怕遇到人了。有人来了要赶紧躲开，特别是被干部、民兵看到就麻烦了，他们如果看到我们拿着经书，上告了，我们就要进监狱。我经常是半夜的时候打着手电筒，顺着山路去别人家里求经书。记得有一次去到四川木里的依吉乡甲区村借经书，甲区村自称蒙古族，其实和我们一样是纳西阮可人[6]。去那里求经书，最烦恼的就是生活不太讲究。糌粑里有一半是颗粒，煮的米饭里有很多小石头，苞谷饭是生的，煮的猪肉又不烧毛，猪的毛有那么长，直接用刀砍来吃。不过人家答应把经书借给我们的时候我们是特别高兴的，拿着经书回来的时候，路上不用点灯了，有了经书路也明了。得到的时候是高兴，得到过了也要顾惜。

还有一次去抄经书我差点死掉，那是包产到户之后去四川的俄亚乡抄经书。那时我有一个朋友家在俄亚乡卡瓦村，他的独生女要办喜酒，特别邀请我和么外公石甲阿次尔去吃酒。吃酒是要送礼的，我么外公送了 5 元钱，我也送了 5 元钱，那个时候 5 元钱是很多的。在朋友家喝了苏里玛酒之后，想起来距离他家不远的地方有一个疯子，也是我外公一个很知心的朋友，叫嘎佐，他和我外公一样都是神神道道的。这个疯子也和我们一样是阮可人。"文革"时烧经书的时候，红卫兵来了，他拿着一个矛说："来，谁有本事上来啊！"红卫兵不敢，所以他那里一本经书都没有被烧过。所以说他这个疯病也有好处，至少保留了一库经书。另外在依吉乡还有个疯子也保留了一库经书。我们见了这个疯子想

6
学术界称摩梭人这一支系为"汝卡"或"阮可"，此处以名从主人的原则称为"阮可"。

找他借经书，他说："要是你外公来的话，可以带走经书，但是你这个么外公来了，我不认识，你不能带走经书，在这里抄是可以，全都可以给你抄。"我们在他家住的第一天晚上，看到火塘上挂着一个猪舌头，被火熏得黑黑的。那边吃得太不讲究了，吃辣子汤和粗粗拉拉的苞谷饭。我当时吃完饭就生病了，小便解不出来，非常痛苦。我只能一直走回家，走路都不能直起腰来，差不多是爬到家里的。到家后找保健员打了一针，之后通了就没事了。

借给我经书的人我都时常念起，昨天我做消灾仪式的时候，还念他们的名字。我东一本西一本地凑齐了经书，现在我的经书已经超越爷爷那代的经书了，可以说是圆满了。现在做仪式不是很多，但是经书我都留了下来。我跟我的三个徒弟说："你们能一部一部地誊抄，是你们的荣幸。我们是东一本西一本凑来的。你们不要小看这一部部经书啊，应该知道凑齐它们多不容易。借东西很难的，你们现在去借一把刀还能借得来吗？我相信你们是很难借得来的。我的爷爷常做善事，俄亚这一带的人都佩服我爷爷是真正的东巴，才借给我经书。"天时不如地利，地利不如人和，人和很重要。我现在教我的两个儿子和两个女儿，我都会讲："我爷爷说的，'不会做事不怕，最可怕的是不会做人'。不会做人的人寸步难行。"

现在我有信心了，（丽江市）东巴（文化）研究院让我们好好学东巴，东巴经书也更全了。我在东巴方面做了一点贡献，以前的东巴文好像汉文的文言文，一个字能念出好多句话来，而且老师不同，念法也不同。学东巴难就难在这里。现在我投入一点劳力，把文言文写成了白话文，一字一音这样写下来，方便后人学习，不至于失传。我们村里男性都认字的，只要认字，我写的经书都可以念。我多付出一点劳力是应该的，这是我分内的事。

为老东巴做的三次超度

我第一次做的仪式是起名字。那是 1989 年，蛇年。我兄弟的儿子出生了，他家在上村，离我们这里有一段路程。我外公 80 多岁，年纪大了走不动，就叫我去给侄子做起名字的仪式。那时候"文革"已经结束，可以公开做仪式，不怕，也没有恐惧感。我外公、舅舅、伯父等所有老东巴教给我的经书，我基本学完了。

老东巴的超度是我们东巴文化里最大的仪式，最大的仪式我做过三个。我们加泽村以前叫加泽乡，老乡长杨博布独吉是我的伯父，他曾担任过农民协会的主任，也是东巴，他的超度仪式就是我做的。阿公塔的爸爸阿次儿，是村支部书记，也是东巴，他的超度仪式也是我做的。还有就是我外公的超度仪式。在这三位老东巴的超度仪式中，我外公的是最大的，也是最完整的。阿次儿的是中等的，杨博布独吉的是最小的。我外公是 1992 年去世的，当时他 85 岁。阿次儿是和我外公同一年去世的，当时他 61 岁。杨博布独吉是我外公去世 9 年后的 2001 年去世的，他属龙，当时 85 岁。

东巴的超度，从印度洋海边往海上超度，从海上超度到人间，从人间又超度到神界，有大、中、小三级超度。我外公的仪式用了一头牦牛、一只绵羊、三头牛。那时候，阿次儿家经济条件有限，只能做中等的仪式。杨博布独吉没有儿女，他兄弟的儿女来超度他，杀了一头牛。

超度东巴是最大的仪式，必须有一头牦牛、一只白色的有角的绵羊、一只白色的山羊和一匹白色的马。主人家这个条件具备了，我就要做一场完整的超度仪式，从下往上，这样一级一级的。做一个单一的仪式，只需要一天半，马虎的就两天。长寿仪式 [7]，在天气不好的情况下早早就做完了。超度东巴的时候，念的经书也是最多的。超度一般的人，两个东巴就够了，但是超度一位东巴最起码要五位东巴一起，你做一样，我做一样，没有五位东巴，是很难完成的。

在外公的超度仪式上，我妈妈拉来一头黄牛。我是外公的徒弟，我拉来一头牦牛。村里只要沾一点亲的都拉一只山羊来，从外面拉进来的山羊有 26 只，外

7 长寿仪式，又称增寿仪式，是超度仪式中的一个环节。

公家里有 3 只山羊、2 头牛，这是最盛大、最隆重的一场仪式。这些牲畜全部都杀掉，当时吃不完乱丢，到处都是臭烘烘的，这纯粹是一种浪费。以前，老人家常说，这些肉洗了以后哪怕是一根小肠都不能乱丢的，要么晒干叫人来吃，要么给牲口吃，都很好。像这样浪费是不可以的，老人都很可惜的。但是，现在的这些年轻人、二流子都乱来。

超度外公的时候，我特别伤感。我做仪式从来没有哭过，但是给外公做丧葬仪式的时候我哭了，气上不来，念经文声音也出不来。现在，我用酒来催眠自己，没有感觉了。

儿孙的降生与母亲的离世

我于 1973 年结婚，那时候我爸爸还活着。我正月初三把媳妇接回家，同年十月初三我爸爸就去世了。我爸爸也是东巴，那时候不准推算占卜，他胆子小，连算个日子都不敢。后来，我们做了推算，牛年的正月初三恰恰是属龙的最大忌日。

我妻子最反对我做东巴。她的父亲也是对东巴最有看法的一个人，因为她父亲的一个哥哥是东巴，做东巴以后就只吃饭不干活了。我的老丈人说过："谁学东巴，谁家就是穷光蛋！"我妻子也受到了她父亲的影响，对我做东巴这件事可以说真的是反对透顶了，不允许我做东巴。我外出做仪式带回来的牛羊肉她从来都不吃，宁可拿去喂猪也不吃。她看起来瘦瘦的，她的内心只有我能把握。对她，我有时候哄着一点，有时候不理睬。我们因为做东巴这件事也吵过很多次，我最多"呸"吐她一口口水。我对她还是在意的。她 50 岁的时候，态度才缓和了些，现在她身体有点弱，不再反对了。

我们结婚的第二年，我大女儿出生了，属虎。她嫁到托甸村，现在有一儿一女。我家老二是一个很聪明的女孩，属蛇。她 5 岁的时候宝荣出生了，之前只有两个女儿的时候我妈妈的心忐忑不安，她请了很多人到家里来作法祈福，希望早日抱得一个孙子。我那个时候不在乎，觉得儿子和女儿都是一样的。宝荣出生，我妈妈高兴得不得了，但是我家老二在这一年染上麻疹夭折了。再后来，我们又生了一个女儿和一个儿子。小儿子属于超生，当时被罚了 450 元钱，所以我说我这个小儿子是最值钱的。

我大女儿成丁礼的时候，杀了一只大山羊，宝荣成丁礼的时候杀了一头牛，这在村里是一件空前的事情。我妈妈最讲究这些。我家老大的成丁礼是我主持的，那时候我已经是公认的东巴了。让我母亲最高兴的是宝荣的出生，他出生之后，我两个弟弟家也都添了男孩，我母亲认为是宝荣带来了这一群男孩。我母亲处处惯着他，她对家里人说："我这个大孙子你们一句都不可以说他。"我的成丁礼远远不如宝荣的，他的成丁礼杀了一头牛，他有新衣服穿。不过那个时候也没有什么很好的东西，宝荣当时穿的是一件长布衫，裤子也是布的。小儿子比他好，穿的是 100 元一件的楚巴。我二兄弟家老大成丁礼穿的是布的，老二成丁的时候穿的是楚巴，老三穿得更高档，有花纹的。总之，现在的条件越来越好，成丁礼穿的也比之前好了很多。

我自己娶媳妇的时候，没有想得特别周到。我儿子娶媳妇的时候，我是全方位考虑的。生辰八字，我们一定要算的。12 个属相，有的属相是相合的，有的属相是相克的。甲子有相合的和相悖的，这些我都算好了。

在我的记忆中，大孙子是一场惊喜。他属猴，属猴的位置在西方，他出生的方位是东方，这个有些违背。不过他的命是"木"命，出生在东方是"木"，所以我给他起了个特别的名字——农布宗布，茶马古道上发现茶叶的第一个人是农布宗布，藏族人。我给他起的汉名叫杨德，道德的德，这个名字是我有意起的，我希望我的孙子有道德、有品德。汉家说"不怕算错命，就怕取错名"，我给他安了一个好名字。我给二孙子取名叫杨智，希望他有智慧。小儿子家的女儿我给她起名叫杨善，也叫次拉姆，这本是我妈妈的名字，其实我孙女出生地的代号是增格拉姆。我妈妈想把自己的名字给她，我说她在这个地方落地为什么要给你的名字。没过几年杨善就生病了。我的大儿媳去四川找活佛，活佛说是名字起错了，给她起了我妈妈的名字，后来病就好了。杨善长得像我母亲，她俩的性格每一处都像，她说话宽松平和，读书成绩也很好。

2022年正月二十三，我给我妈妈做超度仪式。我妈妈是个伟大的妈妈，是最善良的人，她只要有一嘴吃的都让给人家，哪怕是一口汤水，都要说"你先来"，她宁可不吃，重新准备，现成的都让给人家先吃。在她的超度仪式上，我杀了一头白牦牛，白牦牛是很罕见的，能得到这头白牦牛实属菩萨保佑。去世前的那几年，我母亲的生活很规律。每天早上都要好好清洗，三天洗个头，五六天洗个澡。我家这两个儿媳妇对老人很孝顺，帮我母亲换衣服，照顾她的每一顿饭。正月二十那天，我给我母亲煮了满满的一碗红糖鸡蛋。小儿媳喂她吃，她喂着喂着说道："奶奶动作有点反常。"等我过去看的时候，我母亲的呼吸已经很微弱了，她对我说："大儿子，我就在这里落气了，不下去了。"

家人都坚持母亲的超度仪式由我来主持。其实，我跳舞都站不起来，但是我必须主持母亲的仪式。我此时身体已经有点弱，再加上过度悲伤，真的有点站不稳了。做其他的仪式我是有勇气的，当时年轻，身体也还好，给我母亲超度以后，我神经的弦感觉松了下来，身体逐步往下垮。

我们东巴的始祖东巴什罗的妻子叫次拉姆，我母亲和她同名，为此我杀了一头肥猪和一头羊，多做了一天的仪式，一般都不这样做。小东巴都问我："次拉姆超度还有个仪式？""有的，《超度拉姆》，8 本一部。"东巴经讲超度能人，超度东巴什罗妻子的仪式，我们这个地方可以说是空前的，没人做过。我的经书是从丽江的百卷里誊出来的，这是一本送别妻子的经书，讲述她的来历、过程和历史。

超度母亲的仪式做了三天，第一天是超度尸体，第二天是超度东巴什罗的妻子，第三天是超度她的灵魂。尸体烧成灰，用一根松木穿上她的衣服象征她本人，回到大道场超度她的长寿，也就是超度她的灵魂。摆上《神路图》[8]，从鬼狱里一层一层往上送，从人类到神类，一级一级往上送。

我记得浙江的一个小姑娘问我："杨老师，你们的《神路图》是杨家的还是全村都通用的？""全村通用的，你们汉族也可以从这个地方超度，我们 56 个民族都可以从这个地方上去，还有外国人，只要是人类去世了，都可以从这个地方上去。"这个小姑娘问得很好、很经典，问到我心坎上去了。

对我来说，虽然母亲去世了，但她的灵魂是永驻的，存在于宇宙空间，也可以说存在于我的心灵中。我妈妈的灵魂还在关注着我给她做法事，只是我看不到

8
《神路图》又称《东巴神路图》，一般长 14 米多，宽 26 厘米左右，分为地狱、人类世界、自然天国、天国四个部分，画面色彩鲜明、艳丽，人物造型生动鲜明。主要用于丧葬时超度死者亡灵仪式中，呈现了死者亡灵要经过的地狱、人间、自然界、天堂等各阶段的具体场面。

罢了，她今生今世是我的妈妈，她的灵魂、躯壳都是我的妈妈。但是，我认为她一旦去世，躯壳就不存在了，她的灵魂不一定一直观察着我，因为她不是我的妈妈了。我跟妈妈也说过："你今生今世是我的妈妈，一旦去世就不是我的妈妈了。转世的时候你若能自己做主，还转到我们本家来，若由不得你自己做主，去哪儿就哪儿了，去北京、南京我们也顾不上了。"

我收徒弟的心像水一样软

有人来求学，拜我为师，我感到非常高兴。他们自愿来学东巴，我举双手赞成。我所有的东西都全部教给他们，没有任何保留。为什么呢？因为我们东巴文化一定要保留尾巴，要留长长的尾巴。有人自觉来学东巴，这是最让人高兴的事。有人不爱学，比如我家侄子，他不情愿学，你也强迫不了。水牛不吃水，头上压不起。有了土壤就会生根发芽，就能开花结果，这是肯定的。

我真正的徒弟只有阿公塔、杨玛佐与和玉志。三个徒弟都是家里的老熟人，阿公塔是我外侄，杨玛佐是我幺叔家小儿子，和玉志是我妹夫。阿公塔的爸爸阿次儿在世时也是东巴，做过党支部书记、永宁区的副区长和区委副书记，"文革"期间被当权派打倒，平反后又到宁蒗县林业站（相当于现在的林业局）工作，退休后回家了。阿公塔是小儿子，初中毕业，汉文学得很好。阿次儿想要教他学习东巴，但是阿次儿年龄大了，身体很不好，没有能力教了，就把阿公塔托付给我。1992年，阿次儿去世，阿公塔就成了我的徒弟。第二年，他就一个人过来拜年了。

这些徒弟虽然不是同一时间进的师门，但是同时举行降威灵（仪式）和学舞仪式的。我把第一步和第二步合在一起，没有做降威灵的仪式。阿公塔、杨玛佐、和玉志、石玛宁和我的小儿子杨泽礼是一起举行拜师仪式的，当时杀了五只鸡。我们跳了一整天，大家都演示了一下，后来我的腿不行了，跳不动了。我收徒弟的礼节是要求他们带一圈猪膘肉、一只腿子、一节香肠、一块瘦肉、一瓶酒、茶和烟。第一次是带着这些东西来拜年，接下来，年年都是这样。每到过年，他们都带着礼物来我家住三天，初一开始拜年和磕头。我要请他们吃饭，早晚都来吃，三天过后就把他们打发走。打发他们走的时候，我会回礼一小圈猪膘肉和一小只腿子，酒和茶就不回礼了。

我这个人的心像水一样软。徒弟学习经文时，我是严格教育他们的，哪个字写不了就慢慢写，但是要自己誊抄经文，我不会替他们写一个字。难写的字写在草稿纸上，写得差不多了再誊抄在那个地方。我跟爷爷学写东巴文是在木板上练习的，没在纸上写过。自己下功夫学会的是自己的本事，别人替你包办的不是你的本事。我收的三个徒弟，我一个字也不帮他们写。我说："这是便宜你们了。我东一册西一册地去找经书，云南和四川都跑遍了才找到这些经书。你们可以一次就看到这些经书，你们提着一瓶酒来借经书，真是便宜你们了。"

有人说：你收的徒弟中本家人都成功出师了，外姓人多半没成功出师，是不是因为你这个东巴太自私了？老东巴自私的现象肯定会有的，但是我没有自私，我教徒弟不分本家人和外姓人。同样一个老师，同样一块黑板，同样一支粉笔，一个教室里教出来的 20 个学生，不说有 20 个样子，也要有 10 个样子，难道说这是因为老师自私吗？我说不。仁者见仁，智者见智，你想学什么东西就会变成什么样子。本家的徒弟对我肯定是百分百地信任，他会原原本本地接受学到的东西，而有些学生捡一点丢一点，就是这种情况。

因东巴文化而结缘的学者

詹承绪是我见过的最早走进油米村的学者，他是中国社会科学院民族研究所的研究人员。他大概是 1963 年来油米村的，我那时在读小学二三年级，那时候村里老人很多。詹承绪说他夫人王承权身体不好，到不了油米村。

改革开放之后，油米村的东巴文化第一次受到外界关注是在 1986 年。丽江东巴文化研究院的和发源、和黎明、王世英三位老师来到永宁，他们听说油米村有东巴，就请人带过来，准备前往水洛（河）的时候，就碰到我。我会说点普通话，我们沟通了之后，他们住到我家，桥梁就是这样搭起来的。当时我家正在打麦子，他们三位老师白天帮我打麦子、簸麦子，忙完后我们一起去转村子。他们三位这家一晚上那家一晚上，慢慢地都会说纳西话了，能和村里的老人沟通了。那时候我家刚刚搬到上村，饭是有得吃，但生活真的很困难，主要是吃苞谷饭。我就开玩笑说："和黎明老师请吃一点大米饭。"他说："这是大米饭啊，什么大米？"我说："我们这儿说的大米，它的秆秆是这么粗的，个头很高，籽粒这么大的，有些人叫它玉米，我们叫它大米。"三位老师都笑了。

和发源老师毕业于北京大学，毕业以后在北京大学任教两年，后来和志武老师把他叫回来在丽江师范学校任教。他任教的时候，我弟弟（杨文国）在读丽江师范学校。我和弟弟还去丽江到他家里拜访他老人家。和发源老师教给我国际音标，从教我认识字母开始，标着汉语拼音。开始我说："学不会了，要学的太多了。"和老师坚持说："以后会用得着。"他回去又把翻译的两本专业书寄给我，有汉文的，有音标的，有东巴字的。我这国际音标会用了，又传给我的一个老表，他也学会了。再后来发现我们学的也不够用。我 2011 年上北京的时候，碰到一个在联合国工作的台湾女孩赖静茹，她是专门传播国际音标的，跟她学了一部分，现在就够用了，这都是后话了。这三位老师在我家住了一个星期后就去俄亚乡了，我还请人渡河送他们过去。

后来跟我接触比较多的学者，是来找我的赵丽明老师。她是清华大学的老师，第一次来这里的时候是 2000 年之后。我那时还走得动，刚刚要去上面超度一个老妈妈，赵老师就到家里来了，家里人叫我回来。她带着三个人，一个是四川广安人，姓邓，一个是我的老表石次尔，一个是永宁的阿红生。他们四个人都睡在我家里。我做完法事回来，他们已经睡了。我一到家，他们就起来了。赵丽明老师问我："纳西族跟你们阮可，谁家来得早？"我是这样说的："是我们阮可人来得早，纳西族来得晚。"她问我："有什么依据吗？有文字记载没有？"我说："有的，远在天边，近在眼前，就是这本经书里讲的。我不敢说大话，我不在乎早与晚，但是经书里讲的就是阮可人来得早，快五代人了。纳西人敬香是从第六代人开始的，我们阮可人之前就有五代人了。"赵老师前后来我们这里有七八次了，最后一次是在 2015 年 1 月。

来过我们油米村的女博士也有三个。重庆的钟耀萍来过我家，我现在戴的这副黑色眼镜就是她给的，后来她还打来电话问我眼镜戴了没有。丽江塔城的杨亦花也来过这里，也是一位女博士。中国科学院的宋一青博士来了三次，第一次是拄着拐杖从三江口走来的，在库土村歇了一晚才到的油米村。现在，北京、南京、丽江都关注我们，我们从心底里是感激不尽的，我们被人家重视，让人家看到了我们。

在与这些学者的接触中，最让我难忘的是 2011 年去北京那次。记得有一天，我从兄弟家吃饭回到自己家门口，赵丽明老师说："杨老师，我们清华大学今年有百年校庆的活动，举办'清华百年——中国西南濒危文字展暨研讨会'，想特别邀请您去北京，您愿意吗？"[9] 我是朝思暮想啊，我第一句这样说："啊！就是没有钱。"赵老师说："飞机票我们来买。"听说我要去北京了，全村人都来送我。我感到特别光荣、特别激动！

去北京之前，丽江东巴文化研究院打电话，要我翻译一部经书——《祭祖经》，这是一部摩梭的经书。[10] 他们研究了 30 年把纳西族的（经书）研究完了，阮可的还没有研究，所以要我翻译一本带去北京。我们这里以前有句顺口溜："天不怕，地不怕，就怕纳西族说汉话。"丽江东巴文化研究院的王老师是大学生，和玉英可能也是大学生。经书中的 "niao er sa" 被她们翻译过来变成 "niao wa sa"，这就不同了。翻译少数民族的文字要把自己的母语放一边，但是丽江这个母语放不下来。纳西语和摩梭语的重音是不一样的，有些音标感觉对了，重音又搞不对，翻译经书还是不容易的。

9
清华大学百年校庆活动在 2010 年 4 月 25 日至 2011 年 7 月 31 日间陆续举行。

10
《祭祖经》是阮可人特有的一部经书。

在北京参加清华大学校庆，见到了大学者李霖灿的儿子李在奇，我俩一见如故。他问我油米怎么样，我们丽江东巴文化研究院的王老师和李院长他们两个都在，就说："吃的都一样，就是缺马桶。"我问："马桶是什么？喂马喝水的那个桶？"李在奇说："不是，是厕所里面的那个。那个不要紧，不要紧。"后来我弟弟杨文国就买了一个马桶回来。我从北京回来，把头剃得光光的。李在奇在门口好奇地盯着我看："你就是杨多吉扎实呀，为什么把头剃了？""天气太热了，剃光头，当和尚。""哎呀，太可惜了，你那个卷发很好看，不要剃了。"他说卷发好看，有些人说卷发难看。我们村里的人就说难看，像鸡窝一样。

李在奇坐在那个地方说："我爸爸保佑了我啊，我来到这个地方劳累得不行。我第二次来的时候，一定要去河边摸摸无量河的水，亲手摸一摸。"他那个时候头发都白了，就是这么实实在在说的。李在奇原来学的是航空学，在加拿大授课，有一天被坠物砸到了头部，晕倒不省人事，等他醒来已经是第 23 天了。后来他的头又第二次受伤，没有第一次那么严重，但是昏迷了很长时间。头伤了两次以后，他觉得他必须子承父业，就放弃航空，研究东巴文。

从北京回来后，我还有一些变化。外公教育我两件事，一是不准栽树，二是不准在眼睛好的时候学画。他说：栽树，树成了人就死了；学画，会被阎王喊去。他说我父亲就是画得太好，被阎王喊去当师爷。我从北京回来后，树也栽了，画也学了。我画的唐卡，感觉还是可以的，看得清。做这些事都违背了外公的意愿，我当时想，算了，想做什么就做什么了。但从北京回来七八年了，我也还没有死。

去北京我特别高兴！从北京回来后我从来没生过病，没有感冒，没有拉肚子，以前这些病都会得，现在没有了。人的心情一旦好了，这些病痛就没了。人的心情应该好，心情好了，人的身体也同时好了。画图也好，写字也好，人心情安定的时候会做得好，心情一旦忐忑不安，写出来、画出来的都不行。我活到60岁，从北京回来，感觉自己提高了一步，因为我到过北京，这是了不得的，之后安下心来写的经书接近我爷爷的水平。

东巴文化的宇宙观与宗旨

东巴文是人类先人为了记忆，取宇宙自然界中的万物为题材，刻在胛骨、肋骨、竹片上的符号文字，源头就在此处。东巴文化源于自然界，就必须符合自然规律，服从自然规律，循规则顺，违规则乱。东巴经文里明确指出，作为一个人，应该以人的道德观、人生观规范自己，修炼自己。要学会做人，学会行善积德，学会忍为高、和为贵的做人品德。

东巴文化贯穿始终的宗旨是要做好事，不可做坏事，损人利己的事绝对不能做。若有失误做错的时候，就得请东巴做仪式：向神、鬼赔礼道歉，还债求和。

东巴文化认为，宇宙间有神、鬼、人三种生灵。具体概念是：神是慈善的、能量无限的、威力无比的、神通广大的、利而不害的，所以叫神；人是祥和友善的、自食其力的，懂得通融、能够合群的，所以叫人；鬼是恶毒的、有害的，唯恐不乱，制造混乱，乱中牟利，损人利己，所以叫鬼。

人死后，灵魂存在于宇宙空间。人的躯壳与灵魂的组合是形成一个生命的基础。一旦灵魂脱离了躯壳，这个躯壳在一定的时候就会风化腐烂。灵魂在宇宙空间里一直存在，只是没有成形，看不见、摸不着。但有时候它又能被看见，好像一股气流，有本事的人用肉眼就能发现和看见。修行好的人，灵魂是饱满的；修行不好的人，去世后灵魂就散了，好像灰尘一般。

我的想法是这样的：唯物主义是无所畏惧的唯物主义，但只是看到了世界的一半，也就是人类的一半，只承认一半，没有承认整体。从阴阳学说的角度，要承认宇宙的全部，阴的东西也是东西，看得见、摸得着的是阳性的东西。我们都承认看不见、摸不着的东西是阴性的东西，它的层次比阳性的高，也是应该得到承认的东西。不承认阴性的东西，就是不承认我们东巴。不受约束的人，三天两头在犯罪。我对我们的文化和社会有这样一个总结：承认存在阴性的东西，就会有一种约束，之所以三天两头在犯罪，是因为你不承认存在阴性的东西，也就没有心理上的约束。

我们在人类社会中，通过长期观察总结，不难发现，一个人发明创造了一种机械，解放了劳动力，提高了生产力，为人类创造了财富，这就是功德！一个人制造了一味药品，拯救了痛苦的病人，这就是效益！少数人的劳动付出，换来了多数人的幸福和满意，这就是功，是德，是神的表现和作为。绝大多数人是团结友爱的、遵纪守法的、不伤害别人的，这是人的表现、人的作为。但是，就有那么一小撮人，处心积虑搞破坏，破坏和平，东巴经里讲的鬼，我认为，指的就是这么一小撮人。

血是红的，骨是白的，肉是黄的，加上皮毛组成的身躯是那么地相同，而在人间的表现和作为，又有着天地之别，那么地不同。为什么？问题的关键就在于，附加在人体上的灵魂不同。不管是什么生命体，都是由阳性的躯体和阴性的灵魂组成的。如果一个阳性的躯体上，附加一个阴性的神的灵魂，那么这个人在人间社会的表现必然是神的表现、神的作为，是有益无害的神人，这类神人在人群中约占 8.5%；如果躯体上附加的是人的灵魂的话，那么这个人在人间社会一定是安分守己、遵纪守法、懂得通融、不伤害他人的人的表现和作为，这一类在人群中约占 90% 以上；如果附加鬼的灵魂，出现鬼的表现、鬼的作为的人在人群中约占 1.5% 以下。鬼为数极少，而毒性剧烈，危害极大，会给人类社会带来无法言喻的危害，以及无法估量、不可弥补的损失。

属鬼的这一小撮人，最恨东巴文化。他们宣扬："东巴文化是封建剥削阶级用来压迫人民的落后文化，不可相信，必须把它推翻！"我说："不然，莫听鬼话。"我敢做东巴文化的代言人。我从小学习东巴文化，平生营职东巴，且不说精通，却敢说我是蛮通的。我认为，东巴文化是好文化，不敢说是先进文化，但不至于是落后文化。我们深深地认识到，东巴文化是一种教育人、教化人的文化，是一种制约、规范人的言论与行为的法制性文化，对人的约束性是很强的，因而有人反对情有可原，我们应该理解才是。

当然，东巴文化在建设方面、致富方面讲的内容的确很少，而在制约人的言行方面讲得特别多，比如，作为一个人，首先要讲和气，不打人，不骂人，绝不可杀人。人与人是平等的，不可相互逞强，要相互忍让。人与自然是同父异母的两兄弟，也是平等的，也应该相互尊重，和睦相处。当你需要什么的时候，必须先请求自然神，方可利用，否则，不求而胡来，万事不可。同样，人与人的关系也是如此。首先要征求别人的同意，否则，万事不可逞强。不要将自身的痛快强加在他人的痛苦之上，不要以自己的好过代替他人的难过，不要为了自己的利益去伤害他人的利益。总之，东巴文化贯穿始终的教导是，自己的生存，万万不可影响别人的生存。

受到好的教育的人是善良的；得不到好的教育的人，受到不好的影响，他就变成鬼了。鬼和神的载体都是人，我是这样觉得的。你行善积德，可以说是神仙，不影响别人的生存。但是，你为了你的生存、你的利益让别人痛苦，你的痛快是驾驭在别人的痛苦之上的，你不是鬼又是什么呢？你的幸福驾驭在别人的灾难之上，鬼就是这样影响别人的生活的。有道德规范的人不影响别人，他是正宗的人，真正影响到别人的是鬼。所以，东巴是神，因为他们一直在为别人付出。"让人担心可能是一种罪过，让人放心是一种功德"，这句话是我自己编的。你这个做法让人担心，那可能就是你的罪过。哪怕是一句话、一个行为，让人放心，就可能是你的功德了。我们东巴有一个传承，代表民族的一种形象。我要好好维护这种形象，没有资格危害这种形象，更不能玷污这种形象。

在东巴群体内部也存在着很多问题：知识上的深浅、认识上的分歧等。因此，出现了同经同师不同样的情况。原因有三：师长的误导、自身悟性的高低、认识的偏差。更重要的一点就在理会上。没有一个学徒是全理会的，有半理会的、少理会的和不理会的。不同的领悟就导致了不同的认识。再者就是"用"的问题，什么文化都有其共同点：会用便利用，利用就有利；不会用，便乱用，乱用则无利，反而有害。我们不妨退出人群来远看人群。纵向观察，横向比较，会慢慢发现，人们的奋斗焦点就在两个字上——名利。争名夺利，争先恐后，争分夺秒，奋斗不息！我清楚地发现，小人在争利，大人在争名，识道之人两不争，顺其自然而自然。

据专家介绍，东巴文化的研究已经成为东西方文化研究的重要课题，这令我们感到无比欣慰。在这块小天地里，传统的东巴文化被我们这群人守护着、利用着，而我们绝不认为这是自己的私产，与其他文化一样，东巴文化作为一种公共文化应该是公有的。东巴文化源于自然，理所当然要回归自然。这是众所周知的基本原理，人的意志是无法改变自然规律的，周而复始，归真返璞，完全符合逻辑理论。我们这群人信仰东巴文化、守护东巴文化、利用东巴文化具有悠久的历史，我们杨氏家族中，我是第十三代传承人。

在东巴文化生涯中，"文革"的 10 年里，我在地下活动，改革开放以后逐渐转入地上活动。40 多年来，我做了无数个东巴仪式，包括大型的、中型的、小型的、微型的，即杀牦牛杀黄牛的、杀猪宰羊的、宰鸡的、不宰不杀的各种仪式。按常规，作为一个东巴，年纪上了 60 岁，再不可做杀生仪式。近年来年轻东巴都外出打工不在家，人家有事上门请求，无可奈何，只得去帮。

我觉得自己在传承事业上做了些有益的事：收了阿公塔、杨玛佐、和玉志三个徒弟，他们现在大小仪式都可以独立完成，这让我满意。为了让后来人学习方便，我把很多陈旧的、不清晰的、零散不完整的经书，通过细致核对校正，整理成有头绪的套书。我想尽我的余热，用心弥补自己前半生的不足，想给后人留下好思路、好印象！我认为，捍卫本民族的文化，维护本民族的形象，是每个东巴义不容辞的使命和责任。

石玛宁（扎西农布），1974 年生人。7 岁时受爷爷石英支扎实东巴启蒙，15 岁在父母的安排下正式拜叔叔石玉吓为师，21 岁外出打工。现为油米村石姓家族资历最深、威望最高的东巴。

石玛宁东巴

采录整理　田秘林　赵天宇

访谈地点　宁蒗县拉伯乡加泽村委会油米村 60 号 /38 号

① 石玛宁东巴

② 石玛宁东巴正在绘制东巴舞谱

③ 石玛宁东巴手抄经文

经文汉译:

眼要看事行事，口出美言美语，翻过前面那座山，会是一片新气象，会有另一种收获。

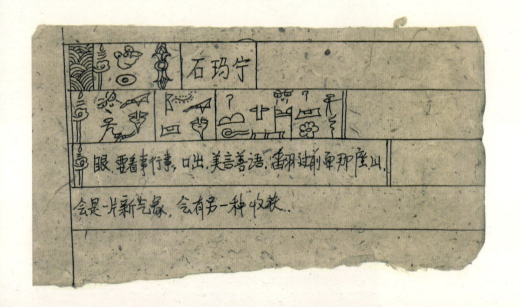

被父母安排做家族东巴传人

我爷爷石英支扎实（1913—1989 年）是位东巴，他的师父是他的叔叔石博布次尔。我七八岁的时候受爷爷的影响，比较好奇东巴经中的象形文字，对东巴文化有了印象。爷爷很慈祥，在村里算是德高望重的。"文革"期间，油米村仅有我爷爷、杨英支塔、石生根独吉这三位东巴。石生根独吉也就是杨多吉扎实东巴的师父，他和我爷爷的年纪最大，当时算是村里的大东巴了。

我们小时候，爷爷一般在下午给我们讲故事，我们几个孙儿孙女都围在爷爷身边，听爷爷讲东巴经书里"黑白战争"[1] 那些传奇的故事，包括东巴的故事和仙女下凡、牛郎织女的故事，听得很入神。我们这一代汉语学得比较少，小时候都没有电视和手机，就是听故事长大的。爷爷强调做人，经常给我们讲《开坛经》里的为人处世之道，分东西要像孔融让梨那样，拿最小份，这才是做人之本。爷爷一边念经，一边讲故事，一点点解释给我们听。爷爷的东巴文字书法特别好，画得也特别好看。我小时候就模仿他的书法和画。我上小学的时候，老师骂我："不好好学习，画什么东西！"我就这样一直画起来，现在对画画比较熟悉。

我读小学一二年级的时候，跟爷爷学过东巴的一些基本常识。我在家里没事

1
指纳西族英雄史诗《黑白之战》，纳西语为"东埃术埃"，即东部落与术部落的战争。——编者注

时，坐在火塘边，跟爷爷学《烧香经》。之前是我的两个弟弟跟着爷爷学东巴，我学汉语。他们两个太顽皮了，学不会东巴文字，爷爷就叫我不要上学了，学东巴。爷爷在家里做仪式的时候，一边念经，一边敲锣打鼓，叫我帮他翻经书，在外面做仪式的时候没有带过我。他个子跟杨多吉扎实老师一样高，东巴舞跳得非常好。那时候我们没有见过什么东西，就是很爱看爷爷在丧葬仪式上跳东巴舞。我十来岁时，见过爷爷主持一两次丧葬仪式。一次是老东巴杨古玛左的丧葬仪式，他去世后他们家的东巴就失传了。当时看到爷爷在那里跳东巴舞，跳得那么好，我心里想着有这样一个老人寄托心灵非常好。

但我 15 岁时爷爷就去世了。那时我在加泽完小读六年级，有一个星期六的中午回家干活，到做晚饭时看到爷爷躺在那里，他已经中风了，三天后他就去世了。爷爷去世后，我父亲叫我传承下一代东巴，在家里跟着叔叔石玉吓（1948—2010 年）学东巴文化，那年我退了学，就一直学东巴了。

我当时没有想过愿不愿意，父母叫我学我就学。我们这里的习俗是父母说的每句话都是对的，他们怎么安排我就怎么做。

学东巴要拜师。叔叔算了个合适的日子，我拜叔叔为师学东巴。入门的时候，叔叔念《降威灵》，我那个时候心里没有什么感受。后来，我跟叔叔去无量河一边淘金，一边学东巴。淘的金子卖给金贩子，他们来这里收购。当时村民全都去淘金，有些去四川的无量河里淘金，有些就在我们江边。我们过年去无量河边烧香的那个地方以前金子也比较多。

当时跟我一起学东巴的还有杨给苴、阿泽里，后来杨布里也来一起学。我们白天干活，下午六七点的时候，每个人拿着一把松明集中到我家里听叔叔讲。那时候只有松明，没有电灯、电视机、手机，什么都没有。我们点着松明，坐在火塘边。叔叔一边教一边讲故事，讲经书的意思是什么，故事是什么，这个字应该念什么。叔叔做仪式时带着我们，边教边做仪式。

叔叔比较严厉，我们在叔叔面前不敢闹，见到他都不敢说话，叔叔怎么教我们就怎么做。我们年龄小，比较贪玩，他教起来比较吃力。他平常不会打我们，没醉酒的时候很温和。如果正好遇到他喝醉了，我们贪玩不好好念经文，不好好敲鼓，他就会骂人，用扎经书的牛皮当鞭子打我们，我们都被叔叔用牛皮鞭子抽过好几次。记得有一次，我和杨给苴、阿泽里一起坐在叔叔旁边学经书，那天我叔叔喝醉了，有点醉醺醺的。我们学的那本经书特别难，一个字念出来是许多个字，我们念着念着有些糊涂了。他就不耐烦了，说："教了10遍也不会。"最后就用牛皮鞭子抽我们。我们都跑出去了，之后的一个星期里，杨给苴和阿泽里因为害怕都没有再来学。之后我叔叔就亲自哄他们回来，也不再打我们了。那时他已经老了，脾气小了很多，但教我们还是比较严厉。叔叔当时不让我们喝酒，也不准我们抽烟，说抽烟记性会不好。

我15岁时开始做"放生鸡""小祭风"的仪式。当时树枝村里有四五家是我们家的应达[2]，泽地村、落科村还有十多家。叔叔老了，走不动了，落科、树枝这些远的地方叔叔就让我去。应达没有二话，因为我是叔叔的徒弟，叔叔说他能做我就能做。我们学会了才去做仪式，他们没有看不起我，做仪式时好好看经书，不会出错。

我第一次独自做东巴仪式回来，感觉很高兴、很兴奋，因为以后我自己也可以主持仪式了，有点骄傲。回来后叔叔问我："仪式是怎么做的？能做好吗？不熟悉的地方或者做错的地方有没有？"我出师他当然高兴了。

叔叔是跟我爷爷学的东巴。当时爷爷年纪大了，想找个继承人，叔叔在兽医站里面担任站长，家里没有传承东巴的候选人，在村里都找不到。爷爷叫叔叔回家学东巴，叔叔当时35岁，有些不愿意，但这是家族的大事，不得不学，不能推辞，就辞职回来学东巴。不然的话，叔叔肯定不在村里，而是在单位里面。

2
应达，即主家，摩梭语音译，指东巴去做仪式的人家。

叔叔跟着爷爷学东巴时，爷爷眼睛不太好了。叔叔每次念经书的时候，遇到不认识的字，说给我爷爷。爷爷就会告诉他这个字应该念什么，之后是什么，他全都知道。爷爷已经掌握了东巴经书里的全部内容，都不用看经书就知道了。之后我爷爷看不见了，就把叔叔委托给杨英支塔东巴，请他教叔叔那些比较难的东巴字。杨英支塔东巴比较年轻，眼睛好，记性也好。叔叔跟着大师父（我爷爷）学了十多年，又跟着二师父（杨英支塔）学了十多年。

在我的印象中，叔叔从小爱东巴文化，爱艺术。他弹琴弹得很好，吹笛子、拉二胡也很好。在"文革"期间，他是毛泽东思想宣传队的队长，到处去演出，还去过四川。他演得很好，编词也编得很好，那些词曲都是他们宣传队自编的。我们村里还有几个老人家是跟他一起宣传毛泽东思想的，其中一个堂姑姑也跟他们一起。"文革"期间，村民都不愿意学东巴，叔叔也还没有学东巴，村里的经书被烧之后，村里的人都恐惧，不敢学东巴，只有老人一直在坚持做该做的事情。当时杨多吉扎实老师是护林员，跟着他外公石生根独吉偷偷在家学，张扬的仪式都不敢做。该做的仪式自己做，别人不知道。"文革"结束后，我叔叔去了兽医站工作。

叔叔很小心谨慎。他原先在兽医站当过站长，与外界接触比较多，他教我们怎样做人，跟外界的朋友怎么接触、怎么说话，这些他随时都提醒我们。叔叔脾气特别暴，他的暴脾气也是家庭环境造成的。如果不听他的话，他就会更加严厉，骂我们，刺激我们。

叔叔对外面的人很温和贴心，对家里人比较严厉。那时候我们家子女比较多，一共有 7 个弟兄和 1 个姐姐。从大到小每个相隔一两岁，我们每天都贪玩，在家里面闹腾，所以他对我们比较严厉一点是情有可原的。现在我们孩子少了，就不用那么严厉了。我们小的时候，过年过节时叔叔让我们都围在火塘边，做一些家务。我们要出去玩必须先向他请示："我要去跳舞的那个地方看一下。"他说："那看一下就回来，跳舞要小心，不要吵架闹架。在操场里有喝酒的人，会闹事，会伤到人。"当时村里喝酒的人特别多，跳舞的时候，有些人过去了就在操场里乱闹。叔叔担心我们闹事，不准我们出去。如果我们不请示他就出去，他就会骂我们。我们不能偷偷出去玩耍。正是因为叔叔从小管得比较严，我们兄弟姐妹都没有参加社会上斗殴那些事，跟人家吵架的，一例都没有过。

传承民族文化才算真正的男子汉

我一直跟着叔叔学东巴到 21 岁，感觉有些不情愿了。当时村里跟我同龄的都外出打工挣钱了，他们都很自由自在。我们在家里整天学东巴，好像是父母给我们压下来的职责一样，不听父母的话也不行，感觉有点委屈。于是，我跟着哥哥到木里耳泽金矿去打工了，在那里打了三年工。那里的人不是纳西族，外地的老板特别多，有湖南的、湖北的。我跟着湖南的老板在矿洞里打金矿，那里生活条件特别差，生活用品、机器都是用牲口驮上去的。那里海拔 4 000 多米，气候不好，一般的人做不了。当时一个工³是 20 元，一个月才 600 元。矿山的水都是用索道拉上去的，那期间我们几乎都没洗过澡。最多一个月只能洗一次脸、一次澡。矿山里修不了房子，就在岩洞里面用塑料油纸搭帐篷，居住条件非常艰苦。当时年轻不觉得，现在回想起来特别难受，那不是人住的地方。那时候做工后，很难找老板要到工钱。老板今天推明天，明天推后天，有时候慢慢地就找不到老板了。我在那里打工三年挣了三万多块钱。家里经济条件不好，不打工不行，必须挣茶钱、盐巴钱来维持生活。

黑矿山里随时打架，闹事的特别多，挖矿的时候也很危险，在我面前就死过两个人。有一天我们在矿洞里打矿，有两个外地人在矿门边，旁边一家炸矿山，他们放炮的时候不通知我们，矿山塌了下来，那两个外地人在我面前当场就死了，我连他们是什么地方的人都不知道。那里死人是常事，因为"人为财死，鸟为食亡"，找钱的路子有风险，命该如此。我们当时适应了，说不怕是不可能的，我们必须警惕，万一事落到自己的身上，一生就完了。现在我回想起来有点后怕，因此提醒儿女们，那种有风险的事情不能做。

3
即一个人做一天工。

我们在金矿里随时都祈祷，每逢转山节等节日的时候我们都烧香。那个湖南老板以前是个木匠，学过几天先生，我们烧香时他也烧香、敬山神，祈福保佑平安。当时木里和甲区的两个东巴跟我们一起在金矿里打工。甲区的科若东巴画画得很好，我跟他没事时就一起交流怎么画、怎么写。他在金矿里做了两年多，他的父亲去世时他就回家了。科若年龄比我小，属羊，现在是一个大东巴了。

在外打工的时候，我没有想村里东巴的事情，就只想着挣钱。当时在家的东巴还有杨多吉扎实老师、杨格果与两个师弟杨给苴和阿泽里，杨格果跟杨多吉扎实老师是堂兄弟。那时石家只有我叔叔一个东巴，在村里他的应达特别多，他一个人忙不过来。那时没有电话，叔叔用东巴文写了一张纸条寄给我，叫我回来帮他。叔叔的纸条上说："如果每个人都不传承的话，我们这种民族的文化就没有了。如果我们没有文化了，就像没有灵魂一样，吃饭饭不香，尽快回来。"

看到叔叔的信时，我心里比较别扭，不想回来。因为当时的社会风气就是挣钱第一，谁有钱谁就是大哥。我们整天在家里是挣不到钱的。可我想起我父母跟我说过："钱不是长久的问题，能学的话学点本领。要把自己的文化传承下去，才算是一个真正的男子汉。"我哥哥当时也在场，他说："那你就回去吧，不要辜负了我们的希望。"他就这样把我催回来了，我没有退步的余地。我去木里之前学了大消灾仪式，回来后再学的超度仪式。

我回来后在家里待了两三年，当时叔叔还在世，两个师弟还有村里的老东巴都在做仪式，我可以时不时地出去挣点钱，不用担心生计。25岁时我和村里的杨给甲一起去打了一年工。上半年在甘肃天水，老板还是木里金矿的湖南老板。我和那个老板一直都有联系，他打电话过来叫我去甘肃天水，在淘金船里活儿不重，工作很轻松。我们待了半年，那里就被政府封掉了。下半年又去了甘孜色达，年底我们就回来了。之后我就一直没有出去过。

甘肃天水那里是风景区，气候很适宜。在淘金船里，特别安全，也找不到做东巴仪式要用的植物，我心里踏实了一些，我们就不烧香了。但是我们每顿饭前都敬一下自然神，每喝一口酒也敬。不敬一下的话，我就不放心也吃不下，感觉有点没味道。在甘孜色达那边还是会烧香的。

记得在去甘肃打工的路上，我和杨给甲在成都火车站转车，被骗了一次。那时候我们还没有手机，在火车站下车的时候，有人拿着一个假手机，他说那个手机是他偷来的，只要200块钱，要买就快点买，追他的人马上就到了。我们糊里糊涂地就买了。其实那不是真手机，而是一个玩具手机。人家蒙我们，叫我们快买快买，结果我们数完钱他就不见了。

成丁意味着为家里分担责任

25 岁我从甘孜色达回来，33 岁结的婚，对象甲米是三嫂卓玛介绍的。三嫂是四川木里那边的，她嫁到我们这里来以后，就把她表妹介绍给了我。现在家里只有我们夫妻两个在家，人手特别少。有时候活路做不过来，我对象心里会有些不舒服，但也说不上她反对我做东巴，她还是理解我的。现在我已经是东巴了，不做也不行了，学也学了，没有办法。

家里老人都是我们 7 个弟兄共同负责，不是最小的负责，我父母跟我两个兄弟住在一起。我们这里对老人比较孝敬，觉得老人是我们的依托。我家两个小孩成绩都特别好，女儿石甲初卓玛现在上五年级，这次考试考了第一名，小儿子石佳塔考了第四名。我很高兴，必须支持他们读书。

我家现在共有三亩地，收入不多，所以我抽空出去打短工挣钱，家里有事的时候就回来，一年里出去打工两三个月，每次做多久不一定。我出去打工的时候，有人找我做仪式，如果不是急事，像消灾仪式，我安排调整一下，可以推后做。如果有像超度仪式这样的急事，我就必须回来。最近这几年，家里都是靠我出去打短工来补贴家用、供小孩上学的。如果我有时间、有机会的话还是要出去打工的，不去不行。但是将来如果我有困难，我几个兄弟和我的应达会来帮忙。"车到山前必有路"，要怎么变就怎么变了，走一步看一步。

我做东巴以后，一天都没有闲过，要么做农活，要么在给应达做仪式，基本没有时间闲聊天，更没有时间打麻将、打扑克。我也想跟他们一起打篮球，参加他们的活动，但是我没有时间。村里选定了我作为宁蒗县政协委员，去年两大会议通知我去开会，我请假了没有去。我只参加了一届两大会议，第二年就没有去成，因为会议时间刚好是我们过年的时候，我每天都很忙，没办法。他们都了解，"你是家里的东巴传承人，没有时间"。

去年我的女儿石甲初卓玛 13 岁，她成丁了，我心里美滋滋的。因为女儿成人以后，把她培养成一个人才，对我有好处。现在家里许多事情我忙不过来，儿女又太小，我希望他们快快长大，帮我分担一些。我是一个东巴，家里比较困难，有人才才能富裕。我现在好像五保户，两个小孩又小，老人也老了，应达又比较多，感觉有些困难，但我咬紧牙关渡过难关。想想过一两年后那些后边学东巴的学会了，儿女们长大了，就会有些盼头，我就感到高兴。

我还记得我 13 岁的成丁礼仪式是爷爷给我做的。我衣服的颜色是爷爷根据我的五行翻经书看属于什么颜色，算好之后确定的。那时我们的条件很差，只能由爸爸石那本买布料回来，妈妈石英之米在家里缝，腰带也是妈妈用织布机织的。妈妈现在 80 岁了，身体还挺好。

13 岁成丁礼的时候，不论是男孩穿裤子还是女孩穿裙子，亲戚朋友都要送礼物，送一些袜子、衣服。自己家要买衣服、鞋子、袜子一整套，当天可以不穿亲戚朋友送的。当时我们村每家每户条件都很差，没有人送刀这些兵器，送一些普通的东西就可以了。我家 7 个弟兄，年龄相差都不大，我的成丁礼跟平常一样没有大办，特殊化的搞不了。

我穿裤子时心里特别激动。临近过年的时候，我每天都问："过年的日期要到了吗？"我 13 岁穿了裤子就是成人了，真正成为一个大人了，生活上可以自由一些，什么事情都可以自己做主，自己有主见、有想法就可以放开手脚做。

爷爷和叔叔也感到高兴，跟我现在看到自己儿女成丁礼的心情一样，希望他们成才，成人以后可以帮家里分担一些责任。

我一直跟着叔叔学东巴。叔叔离世前的几年，他说他已经病了，时间可能不多了。那时候我就天天在家学习，包括超度仪式，叔叔把他所学的全部在那几年都传授给我了。想到有一天他去世了，我就没地方去问了，所以我用心地学。

2010年叔叔去世，年仅64岁，他还很年轻，但是得了肺心病没办法。他的超度仪式是我做的，这是我做的第一个超度仪式。他生前做仪式杀过的牲畜——牦牛、黄牛、羊、猪、鸡，都必须杀一个，用来超度他。当时我一直在回想叔叔在世时是怎么做超度仪式的。我感到很悲痛，他既是我的叔叔，也是我的师父。

叔叔这么年轻就去世了，对我影响比较大。他去世后，全部的压力都落到了我的肩上。我们现在还很年轻，对我来说整天待在家里是不行的，感觉负担特别重。我还不精通经文，有点为难。如果叔叔还在世的话，他所学的东西我都会学到，我对东巴经文能比现在更精通一点，我学不透的那些，随时都可以问他，所以现在总是有种遗憾的感觉。

但是我从来没有想过要逃跑，这样逃跑是不行的。因为东巴经书里有记载：你如果做一项仪式半途而废的话，对你自己有害处。做东巴的有很多约束，只能往前走。这些约束都是其次，最主要的原因是我们的应达都很善良，他们因为善良才做仪式，如果他们不来请我做仪式，我不做也行，但是他们诚心要做，他们希望平安、幸福，他们的思想是健康的，我必须满足他们的愿望，这像是我的使命一样。对于没学会的内容，遇到杨多吉扎实老师他们我随时都问，也会问我舅舅阿哈巴次，我边学边做，尽量一直学到老，尽量满足我的应达。我随时都提醒自己：必须做好东巴，踏踏实实地做下去才不辜负老人的心愿。

我现在做仪式的压力很大，我们村子里姓石的人家有 30 多户，我的应达有石阿鲁、石阿塔、石德云、石嘎佐、石果里、石贡嘎、石甲阿吉、石甲佐、石鲁若、石那马佐、两户石品初、石生根、石松农、石光金、石博布、石永宁、石永强、石永文、石扎拉、杨给苴、杨科塔、杨给甲。石给佐和石嘎佐泽里原来是我的应达，现在我照顾不过来交给杨给苴了。落科村还有 10 家，那里有一家是杨多吉扎实老师的应达，是石文君的弟弟。去年我忙不过来的时候请杨玛佐做的。我在树枝村的表哥石永文也是东巴，但他身体不太好，有一条腿残废了，每年都要去医病。他一个人做不了大仪式，我就去帮他。他家的经书比较全，因为他家里老一代就是东巴。这些原来都是我叔叔的应达，我叔叔去世后就由我来做仪式了。以前比现在多一些，我做不过来就交给杨给苴和杨布里，他们忙不过来的时候我也帮他们做。

每家每年都要做两三个仪式，一般过年之后阳历1月开始做"放生鸡"仪式，1月底和2月开始做"祭风"仪式，3月"敬水龙"，这些都是为新的一年祈福的，过年时或婚嫁进新房时做"退口舌"仪式。我们石姓家族的东巴只有我和杨给苴两个。杨给苴的父亲姓石，是杨家的上门女婿，所以杨给苴随母亲姓杨，现在他的儿子就姓石了。我忙不过来的时候，会请杨玛佐、杨给苴、阿公塔、阿泽里、杨布里帮忙。

给应达做仪式也有心烦的时候。我们做消灾仪式要耗时两天，第一天准备祭木，第二天正式做。应达自己准备祭木，如果祭木准备得不好，我们不好操作，要再教一次怎么做，耗时就会比较长。我们东巴事情比较多，因为做一个消灾仪式程序很复杂。丧葬仪式是最大的仪式。做丧葬仪式时要想好这场仪式怎么做，应达会请哪个侠武、哪个助手。有的会提前告诉我，有的开始做了才知道。我要考虑应达的感受，要怎么做才能让他心服口服，心满意足地把这个老人好好地送上去。每个细节我都要考虑。

我每场仪式都好好地做，但我内心里仍会纠结：这场仪式做得好还是不好？经书里怎么记载的我就怎么做了，所有的内涵我都念了，但是他可能不会满足，或者每个人都不会满足。做一场丧葬仪式，有对你服气的，也有不服气的。我认为我还有许多不足的地方，有人对我不服气也情有可原。每次做完我都有些自责，那下一次再改吧，每次我都完善。怨言和委屈都由自己忍受，因为这是职责。

做到了东巴应该做的，我就可以约束自己的应达。我们每次做仪式时都强调，这不仅仅是祈福，东巴文化用传说、历史来见证各种结果，来约束村民，做了不能做的事情就会遭报应，做对了会带来一定的好处。我们讲述历史的时候就是在告诉他们之前做错的就不要再做了，该改进的要改进，这也是经书里强调的。在不断重提历史的时候，要求他们用历史衡量自己的现实生活。我的观念就是：一个家庭做的仪式越多，他们认识的东巴文化就越多，他们的心理就是健康的。他们愿意做好人好事，也希望平安幸福，但是他们有些时候会摸不着头脑、理不清头绪，此时我们就要开导他们要怎样做。

我现在是石家最大的东巴，目前我收了一个徒弟，落科的石布吉独吉。他是1987年出生的，有两个很小的小孩，幼儿园还没上。石布吉独吉没有做拜师仪式，我认为不必要做。我看个日子，接他入门念《降威灵》，就是正式入门了。这是我做的第一个入门仪式，我答应了他："你可以来学了。"

他现在可以主持"放生鸡"这些小仪式，下一步他要学习主持"小祭风"仪式了。他家的一个叔叔以前是东巴，但是40多岁就不在了。从那以后，他家就没有了东巴。现在我主持他们村摩梭人家的仪式。

落科村有十多户摩梭人家，他们觉得自己村要有一个东巴，要传承东巴文化，就推选石布吉独吉跟着我学。他们觉得东巴文化是他们的一种支柱、一种依靠，没有东巴他们好像不安心，因为东巴仪式是我们纳西族的一种习俗。每做一件事情，我们都先做仪式，比如出门前做仪式求平安，保证一路顺风。做仪式是祈祷，对自己内心的一种安抚。

石布吉独吉现在入门已经四年了。他既要学东巴文，又要出去打工，上一次他约我到宁蒗打了一个多月的工，跟我说："如果家里面没什么大事情就去吧。"我就和他一起去了。他带着录音工具和抄写用的本子，白天我们修路锤挡墙，晚上他教我开车，我教他东巴文字。我们村里石家还有两个年轻人正准备跟我学习东巴文化：一个是我堂弟石开佐，1985年出生，属牛的，比我小12岁，他读过初中；还有一个是我侄子石嘎若，1986年出生，属虎的，他高一就退学了。他们三个大年初一都来给我拜年。他们现在都没时间学，才学了《烧香经》《除秽经》等基本经书。落科的石布吉独吉学了好几种仪式，学得比较全。不过我对他们信心十足，他们悟性都很高，顺其自然，能学的就学。

我们村里的"90后"现在都在读书。现在是普及九年义务教育，中学读完了以后，如果有愿意学东巴的就回来学了。我认为要先上学。我儿子年龄比较小，先好好学汉语，没有汉语功底，在社会上比较难混。我们东巴经书里的意思比较深刻，如果没有悟性，理解不到，就等于零。所以想让他读大学，最后再做打算，他如果有了大学知识，不会不要这个东西。现在要学的人也很多。

现在我有继承人了，我对他们不像叔叔对我那么严厉，叫他们随意先适应一下。他们一来我就严厉，他们不学跑掉了怎么办？我主动叫他们学是一种罪过，主动地请他们来是不可能的，强迫他们来学是不行的。他们之后在社会上受委屈，我也不知道他们有没有这个承受能力。只要他们自愿学，我就教，自愿学的悟性也高。

我认为作为东巴，第一是象形文字必须画得好，要画牛就是牛，不象形就看不懂了；还要记性好，经书里全部都是象形文字，师父念一句，徒弟念一句，记性不好的话就记不了，就不懂书的含义。请教东巴的前提是自己悟，东巴经文里的意思，要自己感悟出来才行。你光念经书不知道其中的含义，那就白读了，就是空口说话了。我一边教一边把经书里的含义摸索出来，对自己也有好处。

有东巴文化的地方吃饭才香

我对东巴文化悟出了自己的见解,我们经常出去交流学习。2010 年,杨宝荣带着我和四川木里县的生根独吉一起从重庆转到北京,参加清华大学的百年庆典。当时在北京待了一个多月,我们把东巴文的意思说出来,他们再翻译出来。跟学生交流谈东巴文化,不只是我们教他们,我们不懂的也问他们,相互交流。他们很重视东巴文化,轮班陪我们一起研究东巴文化,还带我们出去玩。人家这样尊重我们,重视东巴文化,我感到自豪。

我也去过丽江东巴文化研究院,在那里试读过三四次经书,我们试读,他们帮我们翻译。有时候我自己也不懂经书内容的含义。那些学生问:"这个字是什么意思?你们有没有哪些特殊的含义?"有时候自己答不出来还要再摸索,跟他们一起商量后,最终得出结论。在这样的过程中我们相互学习,学到了很多东巴经内容的含义。这些交流学习都促进了我进步。

我认为我有许多事情都不如人家做得好,就怕人家不认同我。我觉得我做得不对的地方很多,我会慢慢纠正。但是做得再好,也必须得到村民们、朋友们的认同才行。有时候在他们肯定我的地方,我认为自己做得还不是很好。家里人手比较少,两个小孩也比较小,做事的只有我媳妇一个人。我经常去做仪式,有时我做道场时慌里慌张的，做道场的事也想，家里的事也要想，所以我不足的地方有很多。毕竟我们现在还年轻，很多事情都没看透，村里的事情该怎么理头绪，家里的事情我也还不算完全有把握，我仍在摸索中。

我做得好的地方就是不跟人斤斤计较，包括东巴经书里你会、我不会的地方也不会较劲。我做得不对的地方，你纠正我，你做得不对的地方，我纠正你，相互提醒，这种思想健康一点，对我们下一代的传承有好处。如果我做得不对的地方，你却说我做得对，后一代看到的是不对的，就没兴趣传承了。相互服软一点，交流就越多，这样更好。对我们东巴，是是非非的口舌都有，但是我们要学会忍耐、学会理解。我现在40多岁了，没有跟人说过一句硬话，没有跟人吵过一次架。我从小就是这样，脾气很好，性格很好，这是东巴经书的内容影响了我。我边做东巴边学知识，理解得比较深，现在我也不想放弃了。学到一定程度时就吃到了它的含义，东巴文化是我们民族的信仰，有了文化就有了理想，有了理想才有未来。

在我的精神世界里，神灵是与我同在的，神灵就在我心中。在做仪式的时候，某一刻就宛如在真实的事件里，还要有意念，如果没有充分的意念就做不好，有了充分的思想准备，其他的东西就会随之而来了。当存在内和外的这种反差时，自己做好自己的事情，不要纠结。在外面和村里都是一样的，虽然村子偏僻了些，但是我们要做自己该做的事情，其他的荣华富贵我们不奢望、不奢求。我觉得在繁华的城市里吃饭都不香，人情味特别少，太直接、太现实，我有点不适应。他们只知道自己的地方，看不到的地方他们都不认识。在我们山里好像有一种灵气，在家里面吃饭很香，这就是我们东巴文化灵魂的精髓吧！

我认为人死了以后，只是灵魂离开了躯壳而已，他的灵魂犹在。爷爷去世时我很伤心，但后来才明白其实不必伤心，经书里有载，他们的灵魂随时都在宇宙空间里。我们每做一件事情，都得跟自己的祖先先说明一下，不然做了出格的事情，他们会看到，他们会生气，他们随时在监督着你。人生有两大喜事，一个是白喜事，一个是红喜事。丧葬仪式是白喜事，不属于什么不好的，不必计较。

东巴文化的命运只能顺其自然

东巴经中的世界是和平的世界、和谐的世界，人跟自然和谐相处，才会有人类的和平。我们心里也有这样的观念：保护好自然，心里舒坦了才会有幸福感和未来。

人跟自然是两个亲兄弟，如果不和谐，自然会给人带来灾难。经书里有载，我们敬水龙的时候，如果杀野生动物，山神就不舒服了，他会给你带来灾难。如果破坏了水源，水源会给你带来灾难，让你没有水喝。所以现实也是这样，要保护好自然，有树木才有水源。我们人类生存要靠自然，没有自然的呵护我们是生存不下去的。

山体滑坡都是人类破坏了自然造成的。我们 10 来岁的时候有过一次洪水，洪水暴发以后，地全部被冲走了，那些地方后来才恢复过来。那时这儿的山上有很多树，后来人口越来越多，破坏得比较大，再破坏的话，自然肯定发飙！如果每个人都意识到这种现象，自觉地保护起来，山神兄弟才不会发威。咱们这里东巴太少了，有这个认识的比较少，所以有些管不过来。如果每一个人都学会了东巴经的内涵，就会把生态环境保护得更好一点。这几年我们慢慢已经有了保护品种的意识，比如清香木，"文革"期间差点绝种，后来东巴恢复后，它慢慢地被保护了起来。

我们上边"祭风"的那一片是杨多吉扎实老师当组长时保护下来的，如果他不保护，那一片可能全部被砍光了。那边的水塘是杨文国老师带头做的，也是为了保护那片山林。杨文国老师每天都在强调：神山下边的这些植物要全部保护起来。去年我们乡政府提倡种烤烟，油米开始种烤烟后，因为有污染，有的牲口都死了，植物更不用说了。

东巴文化在外界的影响下也在发生变化。以后，等油米的交通发达了，如果村民们不请我们做仪式的话，我们的文化也会陷入危机，可能会瓦解。我想这一天可能不会到来吧，因为这种民俗是我们骨子里的一种观念，在意识里就有的。

以前丽江的东巴特别多，他们发达了以后，文化习俗跟着时代消化掉了。如果油米村的东巴文化不实施其他措施，照这样发展下去，肯定会自然而然地消失。至于我们能采取什么样的措施，这个说不准，只能看命运，看老天怎么安排就怎么来，顺其自然吧。

现在我们就希望别的民族能多了解一点东巴文化，这样对文化的生存可能会有帮助。令我们感到很欣慰的是，有人开始珍惜东巴文化。了解东巴文化的人越多，这种文化就越不会轻易地消亡。

我希望建设油米，在东巴文化还活着的情况下，改善物质条件，过上更好的生活！

阿公塔，1972年生人。1992年父亲去世前将其托付给舅舅杨多吉扎实学习东巴文化，阿公塔成为杨多吉扎实东巴的大徒弟。1999—2010年担任油米村村长，其间还在村小学当了5年代课教师。作为阿姓家族目前最年长的东巴，他给村里抄写17套近300本经书。2016—2018年，他曾为国家博物馆誊写经书，并受到嘉奖。

阿公塔东巴

采录整理　梁海梅　庄清菜
访谈地点　宁蒗县拉伯乡加泽村委会油米村15号

① 阿公塔东巴抄写经文

经文汉译：

祖父的塔村高，祖父的高村由孙辈住。祖父的阔地由孙辈垦。风未起，建好避风墙；雨未下，先搭好避雨的毡房；要烧柴，找枯枝来烧；要喝水，用桶背来喝；走远路要绕着走，拿份子肉要拿小的。不带金银的人，可以借来用，不赶牛羊的人，不能说大话。[1]

1
走远路要绕着走（慢慢走，这样才会轻松一些），拿份子肉要拿小的（如果要拿份子，最后拿，即使是少的那一份也没有关系）。不带金银的人，可以借来用（但是不能去偷），不赶牛羊的人，不能说大话（待人要和和气气的，不能吹牛）。这是东巴经中对为人处世品德的要求。

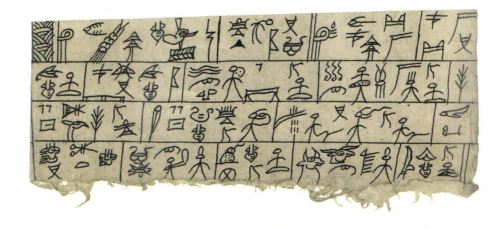

我父亲阿次儿说我大爷爷阿科左里（1904—1968 年）是一个非常厉害的东巴，他是 1968 年去世的，我是 1972 年出生的，所以我没见过他。我大哥阿祥先、大姐阿泽理普尺和二姐阿各米对大爷爷也没有印象。我大爷爷是跟祖爷爷阿独吉扎实学的东巴。那时祖爷爷眼睛看不见了，大爷爷念上一句，碰到一句不会念，他就告诉祖爷爷说上面有一句不会。祖爷爷就让他把上下两句念完再教他，祖爷爷就是这样传授东巴文化给大爷爷的。大爷爷在我师父杨多吉扎实的爷爷杨嘎土汝那里也学过东巴。大爷爷的东巴文写得非常漂亮，师父在落科我舅公家见过他写的一本经书，和师父的爷爷写得一模一样。大爷爷既是东巴，又是木匠、石匠，在村里威望很高。当时，加泽乡的人去土司那里告状都要请他一起去。他就像现在的律师，非常会说话，跟官员关系很好，每次处理纠纷，请他去的那家人都能赢。

我父亲是非常值得我尊重的。在家里，父母、哥哥姐姐最疼我，我中学毕业以后都没干过活，都是哥哥姐姐在干。我印象最深的是父亲在林管所当所长的时候，他身体不好，但是每次回来去加泽乡汉族朋友家玩的时候都会带着我。汉族朋友对我父亲最好，那个时候酒非常少，但他去了，他们就给他鸡蛋酒喝。他们汉族人家做的鸡蛋酒，一人喝一杯，喝到下午我父亲自己都走不动了，有时候是我扶着他回来的。父亲不喝酒不说胡话，喝酒以后他会闹。

我小时候，有一次石玛宁的叔叔石玉吓和父亲喝了一天酒，我父亲醉了，石玉吓喝酒以后脾气也非常大，闹得我们非常害怕。有一天，石玉吓家的羊吃了我家地里的庄稼，父亲跟他说了两句，他就跑来我家。父亲喝醉后先睡下了，坐起来以后就跟石玉吓吵架，他们两个吵了一个小时，石玉吓的儿子才把他拉回去。其实，他们吵架也不只是因为羊吃地里庄稼。"文革"时期，父亲当支部书记被石玉吓列为当权派，那时候他俩可能就有点不和。两人一见面就吵架，但最后谁也没有计较。我父亲去世的时候，石玉吓还来帮忙，我们也非常尊重他。

我父亲阿次儿（1932—1992年）也是东巴。1965—1970年，他是加泽乡的第一任党支部书记。1970—1976年，他曾担任永宁区委副主任，犯了错误后，被调到宁蒗县担任国家木材检查站的第一任站长，宁蒗县的党史上现在还有记载。父亲小时候没有学过汉字，参加工作以后在实践中学了一点。他写东巴文的时候用左手。他去宁蒗县、永宁区开会的时候，用东巴文梳理一下就可以看着提纲讲。我现在也是一名党员，在参加党会的时候，七八十岁的老党员们对我父亲的评价是非常高的。

父亲 54 岁退休，回来后照样做东巴仪式。他是国家干部，所以东巴用的法器如鼓、钵一样也没有，经书只有烧天香的两本。1992 年，我开始跟着父亲学烧天香，但同年他就去世了，只做了 6 年的东巴。父亲是非常严厉的人。阿哈巴吉、阿永都和阿甲阿次都曾跟随我父亲学烧天香，现在阿哈巴吉和阿永都已经学成。

父亲非常喜欢做生意，但他做生意没有赚过一次钱。他喝醉以后就喜欢跟人家做生意。他做生意的基因可能遗传给我了，我现在跟别人做生意，也没有赚过一次钱。1986 年的时候，父亲退休时一次性给的退休金是 1 380 元，那时候这些钱可以买到 7 匹骡子。他领到退休金后，就买了一群骡子回来，带着我三哥去做生意，最后血本无归。

我父亲是 1992 年农历八月初九去世的。父亲病危时，哥哥们都回来了，在家里守着父亲。阿玉龙的大舅石伍军与我同岁，家里就安排我们去找我师父杨多吉扎实，师父当时是护林员，他到库土开会去了，听说在村委会。那时候我父亲已经病得不行了。

我堂叔阿文明当时在加泽村委会的公司里，他非常有钱。大哥要我向他借 500元钱，钱借到后，我和石伍军拿着电筒就去库土了。当我们俩走在去往村委会路上的山沟里时，天就黑了，我们肚子很饿。我那时候脸皮非常厚，我们路过一户汉族人家，就进去要饭吃。我们进去以后，那家人全跑到另一个屋子里去了。炉子里的火还烧着，家里在煮茶，馒头在火塘边上烤着。我告诉他们，我们要去库土，现在肚子太饿，想来找一点吃的。他们一个也不吭声，我干脆去碗柜里拿了两个碗倒茶喝，还拿了一个馒头给石伍君吃，我自己吃了两个。最后，他家一个女的出来看，我说："谢谢，我们要走了，碗帮忙收一下。"她就在那儿笑我。

我们晚上10点才到库土，人家已经睡了，恰好林管所的所长还在那儿。他们之前到过油米村，听说我父亲病了，问我父亲是不是不在了，我说还在的，但是他的病肯定好不了了。他们让我就在那儿睡一晚，师父说不睡了，人肯定不在了才来喊他。师父前一天说他要回去，但他们偏要师父跟他们下乡。

事实上，当我和石伍军翻过松林的时候，父亲应该就不在了。我们这个地方有一种会哭会笑的小鸟，在半夜是不会叫的，我们过来以后它就一直在哭。师父说我们说谎了，但我们真的没有说谎，我们走的时候人还好好的。走一段路以后，一条花蛇像死了一样，肚皮朝上躺在我们前面，我用一根木头挑起它抛了出去，它就离开了。这预兆是不祥的，我父亲肯定已经不在了。

师父熬不了夜，瓦日沟一过有一个山洞，他在那儿睡着了，喊也喊不起来。我和石伍军就坐在他旁边，直到凌晨5点他醒来我们才继续往回走，天不亮就到家了。到家以后，灯点着，人也捆了放在那儿。我小舅公石甲阿次尔，也就是石农布的父亲，他是一个侠武，东巴的仪式他也会，该做的仪式他都做了。师父没睡好，又回去睡了，我一夜没睡。

第二天一早，家里叫我去买牦牛，我带着三个人去，结果牦牛回来的时候死在了山上。那个时候真的太辛苦了，路又不好走，我们几个也没带铺盖。牦牛被拉到垭口翻过来的地方就睡在那里。那晚我做了个梦，梦到这头牦牛被我父亲牵着翻过加泽大山去了。我醒来时天刚亮，我跟他们说牦牛肯定不好了，我父亲拉着它翻过加泽大山去了。牦牛在我们拴的时候是头朝下的，现在它的头已经朝上了，精神也不怎么好，我说干脆杀了驮回来。那时候这头牦牛才325元钱，已经是最大的一头了，一头黄牛才300元钱。现在一般的牦牛都六七千元了。2019年我老岳父石文君去世的时候，杀的那头牦牛是6060元买来的，我父亲去世时我买回来的那头比它还大。

我母亲杨甲阿玛是2006年去世的。母亲临终前，我晚上也没睡着，母亲半夜就去世了。那时候我们这儿电话也不通，村里只有杨文国有一个手机，而且要到那边的垭口翻过去才有一点信号。我去找杨文国借了手机，准备翻过垭口给我大哥大嫂打电话。恰好开车的石生塔要去永宁送一帮人，我干脆把大哥大嫂的手机号码告诉他，手机也拿给他，让他翻过大山垭口的时候帮我打电话给大哥大嫂。大哥大嫂第二天就坐车回来了，办事用的烟、酒都是他们买回来的。

那时候运东西回来都是靠马，是不容易的。那天我和侄儿赶了 4 匹马去驮东西。大嫂要骑马，我得帮她牵马，就叫我侄儿到前面看驮东西的马。侄儿死了奶奶，可能心里怕，但是他也没说。开始的时候我问他前面驮东西的马回去了还是没回去，他说回去了。结果我们晚上 12 点到家，那匹驮着酒的马不见了。我饭也没吃就上去找，我想如果它摔下去，100 斤酒就摔爆了。找到汉族人家那里时鸡已经叫了，我去汉族人家问有没有看到一匹马，他们说没看见。天亮以后，我和三哥又分头去找，他顺着公路找，我去问那些汉族人家。我们运气还算好，马恰恰就在路边站了一晚上，100 斤酒还好好地驮在背上。

东巴的丧葬仪式有三个。超度东巴什罗的仪式是我师父做的，超度长寿和亡灵的仪式是阿泽里的父亲做的，超度能者的仪式是石玉吓做的。东巴去世的仪式需要有三个东巴来主持，普通人去世只要两个东巴主持就可以了。我母亲去世的时候就只有两个仪式，超度亡灵的仪式是我师父做的，超度能者的仪式是石玛宁做的。

我读了初中，在村里算是读书比较多的。我上学那时候小学是五年制、初中三年制。上小学的时候，我留级了一年，小学读了六年。初中的时候，我不好好读书，初二又留级了一年，所以我一共读了十年的书。

小学一二年级在我们村里读，三年级开始就得去加泽完小。我上完小的时候还在吃奶，天天跑回家找妈妈，结果二年级留级了一年。二年级考三年级时候，还没有拉伯乡，只有永宁区[1]。我二年级考试成绩是永宁区第二名，我老师是堂叔阿正坤，他非常高兴，喝酒以后跑到我家来，还买了糖，说我考得非常好，为他争光了。

1
拉伯乡于 1987 年区改乡时从永宁区分出增建。

我成丁礼那年去读中学。我上中学第一年得了一等奖，学校每个月给我 12 元钱的生活费，够了。我第一年成绩非常好，后来认识了永宁的摩梭二流子，就跟着他们乱跑，跑到山上去。我的英语老师叫杨爱玲，是平静村的纳西族人，她非常喜欢我。她跑来把我拉回学校，叫我不要跟他们乱跑，如果没有钱她给我。

初中的时候，我是班里最调皮的一个，现在我们班的那些同学全部都还记得我。我年龄最小，还经常跟人打架，那些女同学看着都觉得我可怜。有些同学的父母在学校里当老师，家也在学校，父母就会买饭票给他们，他们经常把饭票送给我。现在在省妇幼保健院工作的张孝男，也是我同学。2014 年，我带阿玉香去看眼睛的时候给他打电话，我们在那儿住了一个星期，阿玉香的检查费用全部都是他出的。他现在都还在笑我，饭票厚厚的一沓拿给我，吃完了他的饭票我还跟他打架。他说现在都记得我是最调皮的一个、最坐不住的一个。

我 17 岁的时候考上高中，但父亲不让我去读。父亲想什么我也不知道。那个时候我们边远山区很穷，读书是非常受重视的，如果考上中专马上就给读。考上中专就意味着将来有铁饭碗，没有钱贷款都去读。我父亲供我上学是不成问题的，我大哥又在电力公司工作。那个时候电话不通，我大哥说让我再补习一年，因为我刚刚考上高中的时候，他在电力公司的工作出了一点问题，被送到丽江大研农场去劳动改造。大哥托人寄信回来三四次，他说供我上学的钱父亲不必负责，但父亲就不让我去。

父亲去世那一年，我跟着他学会了烧天香，烧天香的经书我只学了两个晚上就学会了。1993 年过新年的时候，我就开始自己烧天香了。我小叔的大儿子比我大一岁，我们俩一起学的。经书摆在前面，父亲叫我们一个一个地念。我念到最后可以念通，他念到一半有一句不会念，他不敢问我父亲就问我，我告诉他了，父亲就拿着松明赶我们两个，我堂哥在前面跑，我在后面跑。但从那以后，他就再也没来学了。

我大哥在电力公司上班，不能学东巴。父亲先传给二哥，没有传给三哥。父亲可能想叫我学东巴，但是他从来没和我说过一定要学东巴。父亲在世的时候就和我堂舅杨多吉扎实说过要我学东巴，我不在场的时候父亲就把我托付给他了，堂舅就成了我师父。

父亲去世两年后，我天天去帮他们做道场的杀生，那个时候我还不是东巴。师父叫我不要去帮他们杀生，要我去念东巴经，我一句也不会念，师父说不怕，可以学。过年的时候，我带了一圈猪膘肉、一个猪前腿、三个灌猪脚、三块猪膘肉去给他拜年，就相当于拜师了，之后开始跟着他学东巴。

我跟着师父学东巴的时候，他真的从来没有骂过我一句，他教得好，方法也恰当。以前灯也没有，就点着松明学。师父的第一个要求就是我能做到的事，一定要做到。我先学写，写完一本经书以后他就传授给我一本。他就是这样的，你不写经书他根本不传授给你。我拜师以后就向师父借了第一本烧天香的经书，自己重新誊写了一本。他说这个烧天香的经书字全部看懂的话，东巴文我就能看懂大半了，让我先把这本好好地学完。在师父传授给我东巴经书的时候，我写的第一部经书是祭大山神的，共有 20 多册。这部经书学完以后，他才传授给我放生鸡的经书。在屋顶上放生鸡，是师父口传给我的。祭大山神的经书和祭小山神的经书，还有放生鸡的经书是连着的。师父的方法就是先把祭大山神的学完，这部经书里没有的再口传教给我。口传的时候我只学了两个晚上，第三天师父就叫我去帮人家放生鸡了。我记得放生鸡用的东巴经书只有一本，看着前面的目录，我自己就照着做了。祭小山神的经书我学了三个晚上就去做了。

我最难忘的是从师父那儿借来第一本经书的时候，家里养的一匹母马生了一头公骡，骡子要动手术。在给骡子做手术的时候，我和堂叔就互相练习东巴经书。晚上他和我一起守骡子，白天他就回去，他回去后我就扑在地里学习。那时候我只有一支钢笔的头，钢笔头买回来以后一边沾墨一边写，我写的第一本经书现在还存在这儿。第一天我写第一页和第二页的时候，真的没有一点兴趣。我看着人家写得非常好，我写得却一点也不像。写了五六页以后，看着就开始有点像了，真的有点像师父写的了。那时候，我自己也有了兴趣。在抄写经书的时候，我边抄写边熟悉，师父跟我们用一个多小时就把十本经书抄完了。我跟师父学着念经书，师父帮我听着。我如果不会念，念错了哪一句，他纠正以后我就记住了。

我拜师的时候父亲不在了，母亲非常支持我。家里就剩母亲、大哥、三哥和我。大哥在外面工作，二哥已经成家分出去了，三哥和我还没有成家。我的亲舅舅杨永都是我最大的支持者，他以前也学过东巴，但他最后没有做东巴。我第一次从宁蒗买了牛皮纸回来，纸都不会裁。我亲舅舅有一把以前裁纸用的剪刀，他就跑来和我说，如果我真的要学东巴，他裁纸给我。东巴经书中有大半他是懂的，以前有些东巴不懂的经书他都懂。但是他说，我从师父那儿借来的经书，不懂的地方就去问师父，他一句都不传授给我，说我师父在上头，叫我去问师父。

我亲舅舅叫杨永都，已经不在了。他和我妈妈是同一年去世的。舅舅不是不传授经书给我，他的意思是我这儿学一下，那儿学一下，就会不统一。舅舅是跟他爷爷学的东巴，超度东巴的经书全部学完了，非常厉害，但是他喜欢喝酒，喝完酒以后就睡，最后中风去世了。他从来不会骂我们，我们只有他一个亲舅舅。

我也跟石玉吓出去做过仪式，那时候，石玉吓的徒弟都去贡嘎雪山那边的矿山打工去了，没有帮他的人了。石玉吓说我勤快，人家请他去做仪式就让我跟着去。他跟我说无量河对面的那些汉族人来请他，叫我去帮他，做他的香灯师[2]。刚开始在这村子里做东巴仪式的时候，他没有伙伴，后来只有我师父和他两个

2
东巴的助手，负责上香点灯。

东巴，还有一个杨格果。现在他们几个老的又叫我来，让我给他们念超度能者的经书，前面的文言文是杨格果念得最好，石玉吓舞跳得特别好。

跳舞我跟石玉吓也学过，他的徒弟他不喊，却让我去。他们去跳舞的时候，我正在屋顶帮哥哥做放生鸡的仪式，他叫石玛宁来喊我，去那边松林坪子学跳舞。去学跳舞要带一只鸡，刚好我家里有一只公鸡，于是马上叫家人把鸡拴好，装上一壶酒，我背着就去了。我和石玛宁、杨给苴，还有树枝村的一个人、次瓦村的两个人，在松林坪子那里学了一个晚上。我们杀了5只鸡，5只鸡的腿都归石玉吓。回来以后，他把我们堵着，叫我们到他家去，把鸡腿砍了一锅煮。我们在他家一直坐到鸡叫，一个也不准走。石玉吓是非常严格的，杨给苴说他们去学跳舞的时候被他打跑过，但是他没有打过我，我听他的话，他非常喜欢我，他教我做什么我就做什么，从不跟他顶嘴。如果他真的生气了，他也打不到我，我看着不对劲就跑了！

我抄过很多经书，村里我抄的经书有17套，算起来近313册，包括《祭祖经》《烧香经》《祭小山神》《祭大山神》《消灾仪式》《退口舌》《超度亡灵》《超度东巴什罗》《超度能者》等经书，我都会念。我学了消灾仪式，但我还没做过最大的消灾仪式和中等的消灾仪式。最大的消灾仪式要做三天，中等的要做两天，我只做过一天的消灾仪式。大消灾仪式针对那些有病人的人家，有些是卦象上显示要做。杀牛的仪式是最大的，我见都没见过，更不必说做了，师父说他做过一次。大消灾仪式做的人非常少，中等的也非常少。一般人的超度仪式我做过好几次了，但超度东巴的仪式我也还没做过。

我在出师以后还没有收过徒弟。我想把东巴传给我儿子阿玉龙，但这个要看他，如果他能归顺的话一定要传给他。阿玉龙和我的属相是相生的，他不需要去其他人那里拜师。师父和我的属相也是相生的，师父属龙，我属鼠。阿玉龙是属龙的，所以我才给他取名叫阿玉龙。

两代人经历的成丁礼仪式

我家阿玉龙和阿玉香的成丁礼都是我主持的。他们成丁礼的衣服和以前大不一样了，以前摩梭人成丁礼是穿麻布做的长衫子，后来觉得藏装很好看，都要买一套藏装。阿玉龙的成丁礼仪式上，我哥哥姐姐每人送了他一套服装，家里还给他买了三套服装，民族服装、藏装、西装各一套。阿玉香的成丁礼仪式上，我买了一套藏装、一套西装，我三嫂买了一套民族服装。阿玉香去我哥哥姐姐家磕头的时候，他们把服装一套一套地送给她。

阿玉龙和我属相相生，所以他的成丁礼不用请别人。我在家里做完仪式后，就带他去磕头了。第一家是去他爷爷那儿，然后去我老岳父石文君那儿。我叔叔、姑姑都在村里，他要去磕头的人非常多，一共去了 10 家。阿玉香的成丁礼也是我给她做的，裙子是她妈妈帮她穿的，她和她妈妈属相相生，她妈妈就像我带阿玉龙一样带着她举行成丁礼。

我的成丁礼是我父亲做的，我们民族是这样说的，儿子 13 岁以后就是父亲的左膀右臂了。但因为我哥哥姐姐全部在家，我就没有想过这些。有些人会这样想是因为人家弟兄姊妹少。我是家里最小的一个，父亲和母亲都疼我。母亲比较严厉，她生气的时候会掐我；父亲天天在外工作，在家时没有骂过我。

我的成丁礼令我印象最深刻。那时候父亲给我买了一套西装和一顶 30 元的金边帽，那顶帽子我不戴以后，他天天戴着。当时我父亲一个月的工资才 20 元。别人家大半是买不起西装的，一般都是在家里缝制一件长衫子，配一根腰带。我家条件还算好，我穿了那条裤子以后，天天有裤子穿，跟我一起上学的那些伙伴是没有裤子穿的。

那时候我非常缺这些服装，但亲戚朋友都会送一些。在成丁的前一天晚上我都睡不着，根本不用他们喊我，我两点就起来了，妈妈也跟着起来了。成丁礼一定要找一个属相相生的人来帮忙，我属鼠，所以要找一个属龙的或属猴的，男孩成丁必须找一个男的帮忙穿裤子。我不用另外找，三哥和我属相相生，他属猴，他帮我穿。鸡叫头遍的时候，父亲就开始烧香。烧完香以后，我先去叔叔、姑姑家磕头，磕头的时候他们送我成丁礼物。

我成丁的时候母亲手工织了一根腰带给我，布买来以后长衫子是她自己缝的，那时候没有做好的长衫子，有钱都买不到。在加泽村委会那里有个公司可以买布，母亲自己测量后亲手做的。缝这个长衫的时候一定要算我的属相、生辰八字、五行，也要看星宿。看星宿是为了在跟我相合的星宿那天开始做长衫，这个是要东巴算的，算完才知道哪天要做，东巴说了以后就那天做，不是乱做的。

以前我们成丁礼的时候，自己可以打扮了，心情是非常激动的。现在儿女们不愁吃穿，举行成丁礼仪式时还在睡，喊不起来。我们是不必喊，睡不着，对他们则是一天都在催，"鸡要叫了，鸡要叫了"。条件不一样了，以前生活困难，现在比起以前条件好多了。

连任村长兼村小代课老师

1998 年，我师父还在当村长。他事情多，提出需要一个副村长。村委会的人就问他选谁来当副村长，他干脆就选了我，别人他使唤不动，我非常勤快。他去做东巴法事，就不管村长的事，丢给我这个副的。开会是我去，水沟也是我带着人去修。雨季我们吃住都在那里，塌方非常严重。那年我们干劲很大，一个月一天都没休息，才通了水。1999 年，师父不当村长了，我就开始当村长，1999—2010 年，我干了 12 年村长。

2003—2008 年，我一边当村长，一边当代课老师，代课老师也当了 5 年。在村小里代课，早上和下午还可以帮家里干点活。代课第一年每个月给我 150 元补贴，后面那四年每个月给 400 元的补贴。我当了 5 年的代课老师，学生成绩每一年都是拉伯乡校区的前 10 名。第一年，一年级有两个学生得了第二名，二年级有学生得了第三名，那个时候还得了奖金。杨正文的女儿都是我教过的学生，现在她们在读大学了，有些都毕业了。我代课时教语文、数学、思想品德。自然、音乐、体育这些他们说要教，但我们这里没教。我对这份工作非常负责，学生不会的地方，我会一一指导他们，太阳落山都不知道。家里人都骂我，他们说其他当代课老师的上半天课就放假了！

我现在还在加泽完小代课，从2019年4月开始到7月。9月的时候他们又打电话来叫我去上课，但我要去山上砍家里建房子用的木材，去不了了。后来10月开始去上课，一直到12月，又上了三个月的东巴文化课。我主要教学生读写东巴字，这不是国家组织的，是我同学杨晓东的哥哥、永宁中学的校长杨晓松和公益组织说好，每个人出几百元钱来支持我们这个传统民族文化传承课。天津旅行社的人来访，我同学的哥哥叫我去上课。我说不给钱也可以，但这个民族文化需要传承下去，每个星期两节课，我可以义务给大家上。但他们说不行，要给我一些生活费，一个月付给我1 500元钱。我一个月去给学生上8节课，有些时候只上6节，我们这个地方两个星期放一次假。这个课是民族文化的传承，学生不需要考试。我上课的时候既讲汉语，也讲摩梭语，学生有汉族人、普米族人和摩梭人。学校的老师会提前向学生交代，如果他们想学就来上我的课，如果不想学也可以去做别的，但是小朋友们都特别喜欢来学。一至三年级的学生开一个班，四五年级的学生开一个班，一节课最多能教他们10个字，有时候一节课教10个字学生接受不了，有时候一节课教下来10个字会读会写的学生也有。

除了当村长、做代课老师，我也出去打工。2007年，我就去阿海（水）电站打工了。当时，我们几个人一起去砌挡墙，干了40天。年前回来的，过完年我就去丽江参加东巴强化培训班了。2008年3—5月在丽江培训了三个月，对那时候的事我记得非常清楚，证书都还在。

2008—2010 年，我跟我二姐夫杨正永在俄亚乡淘金淘了一个月。我还跟石阿鲁一起去打过一次工，那一次是最顺利的。我们自己包了工程，按方来算工钱。我们油米村有 11 个人，大家就按出工日来平均分。工程是石阿鲁包下来的，他说好以后就招呼我们村的人去。我们各自出去的时候很难找工作，对人不熟悉。村里人三三两两地出去，到那儿以后再集中在一起，而后才包下的工程。

我那会儿还跟着石阿塔一起去四川稻城县做过一次生意，从永宁带着鞋子和服装去卖，又从那里收购桃仁。那一次我们赚钱了。收桃仁的老板把公斤和市斤搞错了，本来是 84 公斤桃仁，他误算成 168 公斤。一公斤 23 元，多给了我们 1 940 元，这些钱可以买两匹骡子。但都是相熟的人，最后就还给他了。那几次做生意赚是赚了一点钱，但后来就不想做了。这就是我的经历。

油米村东巴文化会失传吗

如果一个民族没有了文化，就真的没有灵魂了，只是一个空壳子。我们本民族的文化是不能失传的。"文革"时期，东巴经书几乎被烧完了，我们上一代的东巴从四面八方把经书找回来了。现在我们最大的幸运是，我们不需要像以前那些东巴一样，这儿找一本，那儿找一本了。我从师父那儿一套一套借来，自己抄写就可以。以前，是石玉吓的父亲、杨给苴的爷爷、我的舅公和石宝寿的父亲这辈人，把东巴经书一本本从木里县那儿搜集回来的，杨布里的父亲也是有功的。杨给苴的爷爷杨英支塔去找书，他那个时候跑得动，他找来就给石玛宁的爷爷看，把跟我们这里吻合的那些经书抄下来。那时候老人找书很辛苦，拿一斤酒做礼物，没有瓶子，只能用土罐装着，也没有盖子，只能用清香木的树枝拴住。现在酒你可以自己随便拿，但这个文化是真的不能丢。上一辈的东巴这样整理出来以后，我们油米村才做起了东巴仪式。

我现在动员年轻人并引领他们入门，是为了传承东巴文化。我们怕的就是失传，万一失传，后面没有人做了，很危险。我去年传授烧天香的有几个人，一个是我外侄，一个是石农布的大女婿阿嘎土，一个是阿玉龙，还有一个是我的老表杨正文。白天我抄经书给他们，晚上他们就来我家里学，有时候我去请他们来学。今年我打电话给石农布的女婿、我二叔的二兄弟，跟他们说："去年会烧（天香）了，今年过年前一定要来，来两三天再学一遍就更精通了。"但是他们没来。杨正文来了，他说他有些忘记了。我说："忘记了是情有可原的，我们又不是天天在做这件事，你重新再复习一遍，你就会烧了，烧几年你就可以背了。"以前我们还是用经书的，现在会背以后经书都不必用了。

《烧香经》我都传给他们了。我也传给我外侄五六本经书，只要他们好好做，我就有脸面了。今年要过年了，石阿塔才说立神树、镇压仇敌和除秽的经书他没有，而他一定要做这些仪式，我马上抽空写了传给他。石阿鲁和石玛宁来自一个家族，他家的东巴也是石玛宁，石玛宁忙不过来，他就来找我。去年，我给他写了一个退口舌是非的经书，之后他就天天来我这儿学，当年就学会了。我们的文化得到推广以后，我们心里非常高兴，我真的不是说表面话。

东巴传承人还是要选的，一定要找到合适的人，如果他不想学，我们就不能传给他，不然最后白费了。我父亲教的那些烧天香的人中有些干脆不烧了。我教的人中现在有些也不想烧了。我有个兄弟烧了两年以后就不烧了，我说你会疯的，今年他又开始烧了。有时候我是不留情面地骂的。如果现在你不想学，就算了，真的要学哪怕是一本经书你都要学好，学好以后一定要做。我们不是闹着玩的，师父以前就说过，半途而废会疯的。

丽江东巴文化研究院把东巴分为三个级别：东巴传承师、东巴法师和东巴传承员三种。我是东巴传承员，这是通过参加考试考到的。当时我们去参加考试的时候，杨文国老师说，东巴传承师先让石玛宁考。和力民老师是考官，他要我一定考传承师，说我达到了考传承师的条件，他可以证明。我在东巴强化培训班培训过三个月，我有这个职业证书，就可以参加国际音标学习。东巴考试三年才有一次，后边就没有机会了。我听了杨文国老师的话，报了传承员，石玛宁考传承师。我师父他们在加泽村委会考的时候，我们这儿的考官是我、三江口的一个人、石宝寿、布落的一个人，加上和力民老师共5个人。我来当考官，考我的师父。考到我师父的时候，他们叫我回避，我就走了。纳西族那边有纳西族的考官。我们这边是摩梭人，只有我们这几个村的考官，和力民老师给我们助考。和力民老师也是纳西族那边的考官，他是丽江东巴文化研究院的研究员，现在退休了。

和力民老师让我们抄经书，说我们誊写的东巴经书要存到国家博物馆。那时候，他给的价钱还是低的，但是我们没有想钱多钱少的事情，就想着自己亲手抄写的东巴经书要是存在国家博物馆里，我们就非常放心了。即便以后政策有变动，只要存在那儿，就不会全部消失，我们就是这样想的。后来我们抄的经书是获了奖的，还拿了奖金。

2018年5月，和力民老师给我打电话，他说："阿公塔，你们写了东巴经书的可能要得一点奖金。"他叫我和我师父、石玛宁三个把银行卡拍个照片给他发过去，后来奖金就打进我们卡里了。国家博物馆给了100万元。这次获得最高奖金的是和力民老师，他得了 12 万元。他从 2016 年 1 月 15 日开始，从事东巴经书方面的工作已经 43 个月了。丽江市博物院的副院长木琛得了 6 万元；鲁甸的一个人得了 5 万元，他没有写经书，负责召集和协调。鲁甸那几个抄经书的人每人得了 4 万元。我和石玛宁一人得了 3 万元，其他人大多每人得了 1 万元。

颁奖的时候，国家博物馆的陈晓林一行共来了 5 个人，他们下来监督，一定要把奖金发到东巴的手里，开会开了两个小时。丽江市副市长、玉龙县县长、统战部部长、政协前主席、东巴文化研究院副院长和东升、纳西东巴协会会长杨国清都参加了这次会议。和力民老师代表东巴发言。我们这些东巴现在已经很欣慰了。和力民老师也和我说这个钱不重要，荣誉证书才最重要。钱是哪里都可以赚，这本荣誉证书弄丢了想去国家博物馆再补办一本，就不可能了。上去领证书的都是写了东巴经书的东巴，共 36 人，各地的都有，俄亚乡 2 个，树枝村 2 个，油米村 3 个，其他都是丽江范围内的。丽江市共誊写了 100 卷东巴经书，是最多的。我、石玛宁和师父共抄写了 180 多本，我抄写了 100 多本，我师父 3 本，石玛宁 80 本。

油米村的东巴文化会不会失传是不一定的，要用事实说话。如果再受到那些发达的事物冲击、汉文化的冲击、社会发展的冲击，可能会失传。眼看现在大半人已经不做猪膘肉了。1990 年，我去哥哥那过春节，蒗渠那有一群摩梭人猪膘都不会剐了，他们想做成猪膘，最后是我帮他们的。我做时叫他们看着他们也不看，那就没有办法了。我说如果你们是这样的态度，不必请我来，我只能教你们剐一个，但你们几个还是不会剐，那你们不必做了。

要想让东巴文化不失传，大半要靠我们油米人自己，靠别人不行。传不传，接不接受，要靠我们全体油米村村民，靠别人靠不住。有些人做仪式也是这样的，他在做仪式的时候觉得是在帮东巴做。你要觉得是在做自己的事，这样想才好。我去帮汉族人的时候也是这样说的。我们语言不通，但你们相信我们，我们才来帮你们，并不是我们没事找事。我们真有一个为人民服务的思想。我以前去俄亚乡帮忙的时候，做了一场仪式，最后人家病好了，我自己也高兴。之前还有一个人天天发疯，占卜了以后说要他去祭祀大山神，要去放生鸡。那个时候很困难，我去帮人家忙，他们会给一点茶叶、一点酒，有些耗时三四天的会给 10 元钱，如果人家给了我们就拿着。那个发疯的人，最后真的好了。我们自己做了对人家有好处的事，自己心里踏实，人家对我们评价也高。

自己本民族的文化，是不能失传的。虽然做东巴没有经济来源，但这个问题我们以前就解决了，现在不怕了。我家阿玉龙、阿玉香也长大了，慢慢都会好起来的！我到哪儿都是真的一点也不隐藏，去树枝村参加仪式，他们来问我，我会的全部告诉他们。飞机、大炮我们不会造，但我们东巴也在做自己擅长的事，没什么了不起。

杨布里，1974 年生人。12 岁开始跟着叔叔杨格果边淘金边学东巴，2001 年拜石玉吓为师。20 岁开始先后到西藏、四川稻城、云南丽江等地打工，后回到油米村周边做骡马生意。

杨布里东巴

采录整理　庄清菜　张艳艳

访谈地点　宁蒗县拉伯乡加泽村委会油米村 48 号

经文汉译：

天上有星星，地上有草。

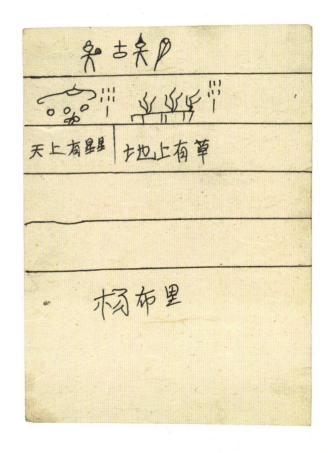

我是 1974 年 5 月出生的，做东巴 20 多年了。我家有 5 个孩子，上面有一个姐姐、一个哥哥，下面有两个妹妹。

我的叔叔杨格果（1944—2013 年）是一位东巴。我小学毕业后，叔叔就带着我到水洛河边淘金。有一天，到了水洛河那里，他拿出一本经书跟我说："你念一遍嘛。"他故意试我，觉得我有点口才，就想让我来学东巴。

叔叔的师父是他的叔叔杨古玛左，是最后一代伙头[1] 了。我们家之前在土司管辖时是三代伙头，伙头必须由长子来传承，一代传一代，传到第三代时解散了。当时我们杨家的成分比较高，叔叔的师父就是最后一代伙头了，枪杆子都被砸了。叔叔想把东巴传下去，但是他只有四个女儿，女儿是不能学东巴的。他也考虑过我家哥哥杨生根独吉（1967—2017 年），但哥哥是属羊的，八字太软了，而我是属虎的，八字特别适合学东巴。我们做东巴的，八字要硬一些才行。我叔叔是属猴的，他的八字比较硬，我们的东巴神本身就是属猴的，所以属猴的最适合学东巴了。他一边带着我淘金，一边教我读经书。淘金的时候，我晚上就到他家，叔叔每天晚上就口传给我，先学的是《烧香经》，从那时我就开始入门了。

我家的老人们都是非常支持我学东巴的，我爸爸、妈妈和叔叔都是很支持的，如果他们不支持，我是学不了的。我学东巴时，我父亲杨阿子拉一直鼓励我。当时连吃饭都很困难，我们写东西用的是牛皮纸，我父亲都会把钱给我，让我买纸回来。有一次我买了 200 张牛皮纸，一张牛皮纸是 5 毛钱，总共 100 块钱。没有纸的时候，他就说："你找个笔，在学生的本子上先练习，练习得差不多了，再写到牛皮纸上。"我父亲看到我学习最高兴了，他总说继续这样做，一本一本地练，好好地写。学了一两个晚上，我父亲就买了一条烟给我，要我别一根接一根地抽，抽多了伤眼睛。烟他买给我，吃的也买给我，新的钹和摇铃也是父亲买的。

我家火塘边墙上挂的两串祖传的串珠，一串是我家叔叔传给我的，另一串黄的是另外一个叔叔送给我的，是他的传家之宝，有 100 多年历史了。我很感恩，就送了叔叔一头牛，也是心意。做仪式时必须戴串珠，不戴就会不习惯、不放心，戴上就安心很多。我学经书的时候，叔叔对我说："活儿你是不必做，做活儿可以喊我，你只要专心学习就好了。"他这样说我非常感动，如果不是他们的支持，我是无法坚持到今天的。

叔叔的脾气相当好，在我心目中他到哪一家做事都是很吉祥的，很顺利。在淘金期间，叔叔每天早上起来都会烧香保佑我们。淘金的时候，那边发烧、患重感冒的人很多，有些人病了就来请我叔叔去做仪式念经，我就跟着他去。过几天他们病好了，就会来道谢，说："谢谢老东巴，我现在病好了，什么事儿都没有了，非常感谢。"从那时起，我就慢慢地想学了，学着学着就比较喜欢了。就这样过了七八年，24岁的时候我也就慢慢会做法事了。

我们俩在无量河淘金有五六年，后来一直往上游去，到四川淘金。那里没有公路，不通车，吃的大米只能用马来驮。那里条件很艰苦，海拔太高，水特别冷，洗脸的时候，就像刀子割一样。

淘金的这些年我和叔叔一直在一起，也去过四川木里耳泽一年。后来我跟叔叔说："您年纪也大了，已经60岁了，死在外面不太好。"他就先回油米了，我还在那里继续做，那时我已经会做小规模的仪式了。叔叔觉得，我不在他身边他做仪式也不方便。他对我说："你也不要长时间做了，快点回来。"两年之后我就回来了。

师兄弟含泪超度师父石玉吓

叔叔年纪越来越大了，听力不行了，但我学东巴这件事不能停。他就只有我一个徒弟，帮我找了石玉吓师父学东巴。学东巴是有规矩的，过去很严格，大都是家传，但现在纯粹的家传已经很少了。万一师父不在了或是老了，还是会请别家的东巴继续教。我叔叔跟石玉吓商量，表示家里传东巴遇到困难，希望他继续教我。他们两个沟通好之后，选了一个晚上，把我传给石玉吓师父。那是2001 年，那晚我杀了一只鸡，我叔叔他们坐在火塘边上，亲戚们都来了。石玉吓师父还有三个徒弟，是石玛宁、阿泽里和杨给苴。从那时开始，我就和他们成为师兄弟了。

石玉吓师父年轻时脾气暴躁，我拜他为师的时候，他年纪比较大了，脾气好了很多。师父总共有四个徒弟，另外三个师兄弟，被师父瞪一下他们都会特别害怕。当然，我也被师父直接打跑过，但师父还是很关心我的，过了两三个晚上他来到我家，拿着一本经书教我念，第一天晚上教一半，第二天晚上再来教另外一半。这样过了一些天，我又去他家学习了。在那之后他就再也没有打过我了。

跟石玉吓师父学习的时候，白天干活，晚上学经书。当时还没有灯，我买一包蜡烛，揣起就去师父家。在他家坐在火塘边，一遍一遍念经书。师父夸我学得快，最多两遍我差不多就可以学会了。一页经书，他念完了，就等我念，我念两遍他就会说："好了，可以了，随时要翻书看，不要忘记。"在我念得不对的地方，他会指点一下。那时候学习经书是一套一套地学，《祭水龙经》学了一年多。

我们师兄弟四个是一起跟师父学的跳舞。在做仪式的时候，舞蹈是很有讲究的，不能乱用。东巴舞很多，单单跳是不行的，意念要到位。在东巴仪式上跳舞要靠意念，跳舞的时候心里想什么就跳什么，这就是意念，意念是师父传给我们的。师父说他老了不行了，气往下拉，传完舞蹈他也就放心了。师父说以前学跳舞只学一天，他对我们说学就要好好学，我们学了一个月。师父要大家必须跳，不跳不行。师父说跳舞不能像平常喝酒吹牛那样随便，跳的时候要心无旁骛，舞蹈都是有时间节律的，不能乱跳。老人死了，在家里、在山上、送出去、接回来，东巴每个时间跳的舞都是不同的，都有讲究。

舞蹈刚刚学完，落科村那边就死了一个老人，我们四个就跟随师父去做仪式了。到了要跳舞的时候，应达问谁来跳，他们都说让我跳，那是我第一次在仪式上跳，师父就站在门那边望着我。第二天早上师父对我说："我传下来的事你继承得好，我就放心了，你继续这样做。经书你们都学完了，跳舞这个事必须做，不做是不行了。"

师父做事多半会带着我们，后来他病了就直接交给我们做了。我们做仪式的时候，牲口如果乱跳，就说明仪式的神压不了它的神，这是不吉利的。次瓦村有个人是上吊死的，那个就是比较凶的，我们也做过。我做过的仪式很多，油米村、次瓦村和树枝村的都有。

石玉吓师父脾气不好，我还是有点害怕他，但是他心地相当好，如果不是他的严格，我们就没有进步。2010年师父过世了，我们四个师兄弟一起办师父的超度仪式，持续了七天七夜。阿泽里和杨给苴牵一头牦牛，我和石玛宁牵一头牦牛。因为师父是石家的，石玛宁是我师父的侄子，所以师父的超度仪式就由石玛宁主持，我们三个做他的副手。在师父的超度仪式上，不管是念经书还是跳舞蹈，我们都是很难过的。舞蹈和经书是配套的，边念边跳，外人看着轻松，其实整个过程很辛苦，我们做的时候汗水和泪水都滴下来了。

石玉吓师父要断气的时候跟我们四个说过："四个人的事情哪个都一样，不要一个东跑一个西跑，一个有事，四个都有事，都是一样的。"他在的时候我们跟着他做仪式，他不在了，仪式也要照样做下去。经书和舞蹈是他传给我们的，我们照着做下去就可以了。

家庭生活和两代人的成丁礼

我的妻子叫石嘎土，1983年生人，是石玉吓师父的侄女。我们两个是自己谈的恋爱，是一起上山找柴、找松枝时相识的。后来我们俩的缘分到了，我就送点烟酒去她家表示要结亲的意思。我跟一个叔叔商量，请他帮我去说这件事情，我拿了4斤酒和一些茶叶去她家。现在我们结婚有20年了，她非常支持我学东巴。做了东巴家里很多事情就都不能做了，很多事情都是她辛苦地操持，她很少有怨言。我们有两个孩子，大女儿杨佳英，2001年生的，属蛇；小儿子杨英涛，2003年生的，属羊。现在我儿子上初三，还有半年中考。女儿上高二，成绩好一点。我们把两个娃娃送出去读书，过年过节都会想着他们。

我们摩梭人是很注重成丁礼的，我的大女儿是2013年做的成丁礼，那年大年初一的早上，鸡一叫我们就开始烧香敬祖。念经书念到一半的时候，就开始给她换服装，脱掉旧的，换上新的。换服装的时候就一只脚踩在猪油上，一只脚踩在大米上。家里换完服装后要去上面烧香，我先念经书，她站在旁边，念到一个段落时她就要磕头。我们用酥油点一下，家里点一次，再带到水龙（水源）上烧香磕头。回来后带上两斤酒，去给她最亲的叔叔、伯伯、爷爷、奶奶们磕头，让他们的长命百岁传给她。她去磕头的时候，亲戚会送一点礼物给她。成丁礼穿裙子以后她就是大人了，有顶妈妈的班、成人的意思。

我儿子是2015年举办的成丁礼。男孩和女孩的成丁礼，经书内容基本一样，但还是有些其他区别的。一是时间上男孩比女孩要快一点，经书里是讲清楚的；二是儿子和女儿的服装不一样，男女不同；还有就是换服装的时候，男孩用猪膘，女孩用猪油，猪膘代表杀猪是男人的手艺，做猪油是女人的手艺。亲戚们送给男孩和女孩的礼物是不一样的。以前送给男孩子的都是铜炮枪，现在不准用枪了，只能送长刀。以前送给女孩子的主要是银戒指，必须一个传一个。不过现在多半是送钱，多的一两百元，少的四五十元。儿子成丁礼的时候，我的想法是传承东巴，我是有愿望的，但是他接不接受是不一定的事情，慢慢来，不要逼他。

现在的生活条件好了，成丁礼的物质条件也好了很多，但礼仪和经书是不变的。我自己成丁礼的时候，比现在条件差很多。当时我们是全麻布，只有一根腰带，裤子都没有，别的什么都没有。小时候生活困难，亲戚们多半就是送一块自家织的布料，那些没有办法的亲戚只能给我们包里装一块茶叶。不管人家送多少，我们都会很高兴地把它接住。我的叔叔和舅舅送一把自己磨出来的土刀，男孩子成丁多半是送刀，女孩子成丁多半是送一只母鸡或是一头小母猪，送给她做种猪。我的成丁礼上，四川的舅舅送了两头母猪，之前家里的猪喂不出来，那两头一拉进来就好喂了，很顺利吉祥。成丁礼上父母对我说："成丁礼到了，找自己的路，找自己的饭，你现在成人了，不必依靠父母了。"

有家庭和孩子，要养家糊口，但东巴经书里有说，（给别人做仪式）人家一分钱不给最好。我们做东巴，是不能多拿人家的。东巴不可以嫌贫爱富，今天富人家给你 1 000 块钱专门给他家做仪式，穷的人家不管，这样也是不行的，这是在东巴教里规定死的。为了养家，还是要去找钱。

我跟着叔叔在水洛河挖金的那几年，我叔叔会给我分几百块钱。后来叔叔喊我不要挖金了，我回来之后，就开始在村里做生意，用老骡马从永宁驮货过来，一年赚了 750 元。从永宁拉货过来要走三天才到，晚上我们就在田坝搭起帐篷睡，牲口就吃草休息，吃的用的都是自己带着。拉骡马驮货的生意做了三年，碰到雨大的时候也要走，每天走的时间很长，就有点风湿病了，后来就把老牲口卖掉不做这个生意了。之后我又到江对面的俄亚做生意，当时南瓜子、羊都是很值钱的。把羊皮吹鼓，我骑着羊皮，把货品装在轮胎里拉着过河。我还去丽江做过骡马生意，从那边买最好的一匹骡子两三百元，拉到藏区去可以卖上千元。

我还去工地上干了五六年，去过西藏、四川稻城这些地方。那里工程最多，像砌挡墙、倒混凝土是我们最拿手的。那里海拔高，身体不好的人做不了。我朋友还带我去矿山逛过一圈，但隧道里面的工作我不太适应，走到一半我就跑出来了。后来听说矿山里出事故，有些死的、伤的，七八天才挖出来的也有。我在那里干了两年，包了一个工程，后来就不做了。在外面打工的时候我每天都烧香，自己该敬的敬一点，不敬的话神灵们就不舒服了。每到节日的时候，就算我不在家，也会多买一些啤酒、饮料。如果遇到有的工人病了，还是会给他们做仪式，工人还是信任我们东巴的。再后来我就做点小生意，卖卖烟酒，不再去做工程了。

之前叔叔在世的时候，我出去打工，村里的这些仪式由他来做。叔叔去世了之后，我出去时都会和师兄弟们说好，谁家需要做仪式他们就帮着去做。现在信息化了，人家请我做仪式只需给我打个电话说："杨东巴，请你做个仪式。"我推算好时间，确认他要做什么仪式，直接打电话给师兄弟请他们去做。今年换师兄弟出去打工，他们也就求助于我，我们都是这样互相帮忙的。这几年我是出不去了，父亲老了，我要在家里照顾。如果出去开工地的话太麻烦了，开了工地就被拴在那里了，一拴就是两年，回来做仪式也不方便。现在在家里，不忙的时候在村里做点生意，挣点孩子的学费，这样保险一点。

教人向善的东巴文化不能丢

做了很多年东巴，2019 年农历二月十八我妈妈去世，享年 78 岁，她的超度仪式我是记忆比较深刻的。我妈妈和都吉玛是从四川那边嫁过来的，她没有其他病，就是有高血压。老人家不习惯待在家里闲着，天天去找猪草。那天她出去打猪草，到吃午饭的时候还没回来。我就跑到我家妹妹地里去找，发现她晕倒在田边，那时她还有点气息，嘴巴吐了一点痰，眼睛已经睁不开了。我把妈妈从田边背回家里后，过了三个多小时她就断气了，在她死后第三天举行的火葬。妈妈的超度仪式是我主持的，石玛宁、杨给苴和阿泽里三个也一起协助我。她的仪式总共做了 5 天，第一天是送祖先，然后是两天的超度仪式，人去世那天就念经，将魂送回去和祖先一起，隔天看羊膀来定日子。那次看羊膀是最好的，一烧就开 4 个缝，我妈妈的仪式是很顺利的，算的时间很好。那次仪式杀了 4 头黄牛、1 只牦羊和 1 只绵羊。我主持仪式的时候，心里非常难过，但还是要忍住，好好地送妈妈最后一程。

还有就是 2013 年我叔叔的超度仪式了。我叔叔是东巴，他的超度仪式是东巴什罗仪式，为了让他顺顺利利地走，那场仪式上光羊就杀了 30 多只。我家两兄弟买了一头牦牛，我家妹妹买了一只白羊，还有一个最小的妹妹拉来了一只羊。叔叔有四个女儿，两个嫁到树枝，一个在加租，一个在油米，她们带了一头牦牛、一头黄牛。因为他没有儿子，是我的亲叔叔，所以他的仪式上所需的东西是我家出的。叔叔的超度仪式也是我主持的，阿泽里、杨给苴和石玛宁三个配合我。

那场仪式很热闹，丽江市东巴文化研究院的李德静院长都来了。李老师看了仪式后，鼓励我专门搞舞蹈，但我说不行，我们做东巴仪式的时候，舞蹈和经书都是要配合的，不能只搞一样。丽江的东巴是旅游文化，我们这是民间文化，我们做舞蹈表演是不行的，就是罪过了。我们去东巴文化传承基地玉水寨那边考试，他们说他们老人已经没有了，需要交流一下舞蹈，我们说可以的，只要他们用心来请教，大家是可以交流的。作为一个东巴，每个人想的就是取长补短。

我现在有一个徒弟，是我的侄子杨克佐。他是 1994 年生的，属狗。杨克佐的父亲是我哥哥杨生根独吉，他是学侠武的。我哥哥还在世的时候，就说过要把这大儿子交给我学东巴。2014 年春节杨克佐回来，我推算了时间，给他选择了最好的日子来拜师入门，他磕过头，就当我的徒弟。开始的时候，我教他烧天香和放生鸡这些小仪式，我做仪式的时候他也当我的手下，边教边动手做仪式，这样他学得更快。

我哥哥把他的儿子送过来学东巴，我该教的都教给他。今天想教，明天不想教这样是不行的。学习东巴，除了要学经书，也要学习手艺，只坐在家里读书是不行的，这个事情就不圆满。东巴要会的手艺很多，必须十全十美，都是要配套的，边做边学，不能只会念经书，不会捏面人。现在他会捏面人，但做得不好，必须改进。要做就要像模像样，不像样是不行的。

不过他现在的年纪也得养家，这个钱我也付不了，所以他还要出去挣钱，过几天又得走了，就只能回来之后一点一点地学，慢慢来，我那个时候也是师父这样慢慢教的。这个侄子比我听话得多，我这个人小时候可调皮了，头经常摔破。他还挺聪明的，学东西快，用的时间不会长。以前师父教我的时候，我弄糌粑的时候，一个不专心，师父就瞪着我，这时候就要注意了。以前学不好的时候，师父会打我们，现在社会不一样了，我不会打他。

我认为传承东巴文化很重要。我们的石文君侠武去世了，他是东巴最得力的副手，是我们这里最有贡献的老头子，就是他来支持我们，告诉我们东巴的传统不能丢。我想油米村的东巴文化就靠我们了，我们这一辈东巴文化不能丢，就这样继续下去，年轻人到了我们这把年纪也还会继续培养下一代东巴的。

我做了20多年东巴，家里现在有200多本经书，我都会念，不会念的经书收在神柜里，对我来说是没有用的，（如果不会念经书）我就压不了鬼了，对我是不吉利的，所以经书都得会念。我写是会写，但是写得不好。超度的经书从石玉吓师父那里传下来就是我自己写，写是我最头痛的事。我自己做东巴也有20多年了，出师后做主持感觉还是好的，继续做下去，会顺利一点。人家有什么事求我们，我们就去为他们服务，我自己也是开开心心，对我们的神、对东巴都有利，这样神最高兴了。丢弃经书是不行的，经书用得越多越好。

做仪式的时候，背后有神灵。我们东巴就是人和神灵之间的中间人，我们天天敬神灵，和他们打招呼表示要在一起。做仪式的时候，意念要到位，经书一念，就把神灵请下来。他们像活佛，我们做仪式他们是看得到的。我们敬山神，把山神请下来后，还是有人看得到。历史上是这样说的：拴一只鸡，烧一把香，经书一念他们就自动来了，就坐在那里围着那只鸡。

念经的时候，意念到位，所做的事情就会成。如果意念不到位，根本就没有用。做仪式的时候，经书和意念各方面都要配合，配合不了，这场仪式就不起效果。比如跳舞是请战神，心里的意念就要有，意念不到神就会来整你。有时候我念到心坎上时，也会感动到眼泪都掉下来。比如大年三十的晚上做东巴的人就开始喊神，名字一个一个地点着喊进来，我自己也会很感动。没有东巴的人家是不能喊神的，否则说话说不通是不吉利的，所以说东巴是通神的。

东巴经书就像汉族的法律一样，教人做事情不能乱搞，不能乱做，不该做的不能做。作为一个东巴就是要宣扬好的，作为一个摩梭人的知识分子，嘴上说一样，背后做一样，不会有好下场的。人家是好心，我们也是好心，好心对双方都好，如同汉族人说的，好人有好报。

杨给苴，1978 年生人。5 岁开始被爷爷杨英支塔逼着学东巴，9 岁时爷爷把他托付给徒弟石玉吓，先拜石玉吓父亲石英支扎实东巴为师，10 岁时拜石玉吓为师。13 岁开始外出打工，承担起挣钱养家的重任。

杨给苴东巴

采录整理　田秘林　赵天宇
访谈地点　宁蒗县拉伯乡加泽村委会油米村 26 号

① 杨给苴东巴

经文汉译：

要行远路程，需走弯曲路，若拿份子，要拿少的那一份。[1]

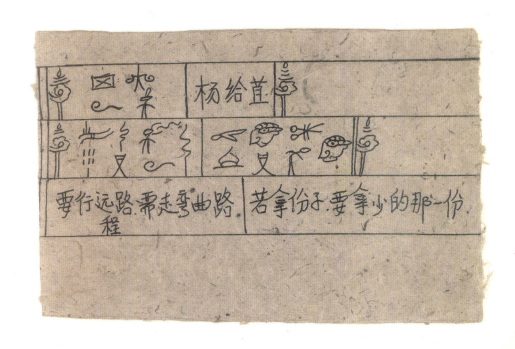

这句经文的汉译与阿公塔的汉译有所出入，以阿公塔的汉译为准。

我 5 岁开始跟着爷爷杨英支塔（1920—1986 年）学东巴，是我们村的东巴里最小开始学的，9 岁时爷爷去世，后来（我）跟着石英支扎实师父学了一年，石英支扎实师父去世后，就跟着他儿子石玉吓继续学，共学了 30 多年。

爷爷是我母亲杨博米的父亲，他当时是位大东巴。我父亲石光秋（1954—2011年）不是东巴，来舅舅家上门，我随母姓。那时候杨家的东巴只有一两个，石家的多一些。当时我想上学，但爷爷老了，没有多少时间了，他跟我说："跟我读书学东巴文。"虽然我父母都是初中毕业，但在家里爷爷说一是一，父母不敢说别的。所以我没有上过学，一年级都没有上过，只能学东巴。

我那时候小，还不懂事，村里和我同岁的孩子上学读一年级，我白天就坐在一年级教室的门口，不进去。学校的阿正坤老师把快要用完的红墨水拿给我，还给我一张纸，我就在纸上写 1，2，3，4。我白天去学校，晚上和杨那本一起跟爷爷学《烧香经》。那时杨多吉扎实舅舅跟爷爷说："先让给苴上学，后面再读东巴。"爷爷说："你不要帮他们，帮我。"因为他老了，认为我要是上学就学不成东巴了。杨多吉扎实舅舅现在都跟我讲，那时学校的老师跟爷爷都说不通。

我年纪小，被爷爷逼着学东巴。我记性好，学的经书不少。学到 9 岁，我已经可以做点仪式，过年也能做"烧香"仪式了。后来爷爷去世了，就必须由我烧天香了。

爷爷的丧葬仪式上，送灵的时候我必须穿跳舞的服装，自己不会念也好，不会跳舞也好，都必须站在他们后面。那时我还没有学过跳舞，以后不能跟着爷爷学东巴了，我很伤心。

爷爷比较宽宏大量，村里有人想学东巴，他都教。村里的经书是当年爷爷、石玉吓和杨多吉扎实舅舅努力保护下来的，我们是从他们那里传承的。爷爷给我写的书基本上是全的，我年纪小不懂事，有些书被别人拿走了，好多都是一捆书里缺了两三本。石玛宁那里的经书都齐全，他的经书都是爷爷在的时候石玉吓师父从爷爷这里借过去抄写的。现在我倒是不怕，抄写补上就行了，只是想起来感觉有点不好。

师从石玉吓学经习舞

爷爷有两个徒弟，就是石玉吓和石宝熊的爸爸石博布。爷爷在的时候就跟石玉吓说:"我家这个孙孙必须交给你。"他不接受不行。我先跟石玉吓的父亲石英支扎实学了一年,当时和我一起向石英支扎实师父学的,还有落科村的石扎实农布、树枝村的石博布独吉。我 10 岁时石英支扎实师父去世了,我就和阿泽里、石玛宁一起跟着石玉吓师父学东巴。我拜师的时候请师父到家里来,招待了一顿饭。那时候我们最多给师父一圈猪膘、一个猪腿子,给不起别的。

那时候我们这里没电,每天晚上点松明学一本经书。我记性好,一个晚上可以学完一本。现在我 42 岁了,忘性有点大。我们一直学到石玉吓师父去世的那天。东巴文化学也学不完,现在我可以自学了。

有一天晚上石玉吓师父打了我们,那件事情是我引起的。那晚阿泽里不在,我和石玛宁在学东巴(经书)。以前我们写字用的木板,用猪油擦一擦,再放一点火塘的灰,就可以在上面写字。那天村里有个老人在我的写字板上画了一匹马。师父和这个老人本来有点不和,写字板上的画刚好被师父看到,他心里就不安逸了,问我:"哪个写的?"我说:"他写的。""不要在我面前拿出来。"师父就把我的写字板甩掉了。那晚要学的经书内容,我和石玛宁前一个晚上就学得差不多了,那晚再念一遍就可以了。师父喝醉了,坐在火塘上面,我坐在师父下面,我们并排坐。他踹了我一脚,踹了石玛宁两脚,在我身上打一下,在石玛宁身上打两下。那时候我们十多岁,心里有点害怕,我一纵步就跳了出来。后来我有点不好意思又转了回去，趴到他家天窗上偷偷向下看，看见石玛宁站在那里，师父拿着皮条，石玛宁的姐姐在劝架。

那天晚上师父打过我后，我心里害怕不敢去学了，在家里也没有学。石玛宁也没有学了，得我们两个一起念，师父才会教。家人给我松明去学东巴，我有时候去到地里人看不见的地方，烧完了松明，用泥巴盖好后再回家。我父母问："去学了吗？"我说："去了。"

后来家里尝新麦，家人要我把师父请来，我不去请。妹妹来喊我："去请去请。"我把师父请来了，吃了饭，喝了酒。我在门口看到师父在那里，想转回去，师父喊我："进来，你不要转去。叔叔那天晚上酒醉了，你们怎么没有来读书了？你们转来，我们读书。"那天晚上我就转去学了。学是想学，但是害怕师父喝醉酒。师父平常没有骂过我们一句，只教我们。我们在人家面前做什么仪式，如果有做得不对的地方，他不会骂，他会好好地告诉我们怎么做，从头到尾说给我们听。我们师父的心是好的，人是好的。

石玉吓师父原来做过拉伯乡兽医站的站长，在这个地方是耿直的人，石文君伯父和他都是直脾气，不会骗人。我觉得自己也像师父那样。但是现在社会上，这样是混不下去的。师父作为东巴，在这个地方是（竖起大拇指），石文君伯父是侠武，他们俩合作起来做什么就是什么，什么人都不敢说。现在他们两个都不在了，太可惜了。

2007 年开始，我和石玛宁、阿泽里、杨布里、阿公塔一起跟石玉吓师父学东巴舞，有两个次瓦村的人也来学了。山上有个松坪，连续两年的农历二月都去那里学。第一年学了七八天，第二年学了两天，我们就全学完了。我们徒弟每个人带一只公鸡，烧香以后，就开始学东巴舞。那里不准敲鼓和钹，所以一人拿一个树（枝）丫跳，师父在前面跳，用嘴"咚咚咚"地配乐。后来我们跟师父说："你那样有点恼火，我们拿一个鼓过去，不拿钹。"他说："可以。"我们有的跳，有的敲，换着来。

树枝村石宝寿的父亲去世的时候，我们东巴必须去点灯。师父安排我们去，跟我们说："人家要你们帮忙念书，你们去念，人家要你们跳舞，你们去跳，不得说'我不做这个'。"在那里我们四个人跳了一会儿舞，两个人站在前面，两个人站在后面，一起跳，很整齐，就像跳自由舞。从我们这边嫁到树枝村的女人对树枝村的人说："你们不要惹油米人，你们两个人一起跳不向一边转，人家四个人一起跳一个样！"树枝村的伙伴说："今天你们变成老大了，太有面子了！"

我们有一本经书《舞谱》写着舞是怎么跳的。一般人去世，简单的就是老鹰舞、豹子舞、老虎舞、狮子舞、龙舞、大象舞、孔雀舞。人火化完了，在松树丫上穿衣服，接回来的时候只跳有翅膀的舞，接到门口时必须跳孔雀舞。孔雀舞是两个人一起跳，有两种，有些是背靠背地跳，跳三次；有些是面对面地跳，跳三次。老鹰舞简单，老鹰灵活一点，转得快一点，转三转要快，心里面想象老鹰抓地下，动作就快。老虎是站在三座山上，先从天上往地下看一转，最后一转一打，抓住的意思。豹子有点灵活。一般人的丧葬仪式上，《神路图》里的跳得多一点，接回来时跳得少一点。东巴去世，经书里有什么都要跳完。我们五个方位，东西南北中，老虎舞、龙舞、大象舞、水獭舞，在中间跳的是天上飞的大鹏舞。

我学东巴早，10岁时有些东巴仪式就做得起了，比如"放生鸡"仪式。杀只公鸡带到山上去，差不多半天的时间。第一次自己做仪式是石玉宝家儿子石给佐病了，请师父去做个小仪式。那天晚上师父耳朵里有个蚊子，耳朵痛，就安排我去做。我当时做完仪式后，石给佐睡着了。我说："明天早上他肯定会好。"因为我们做完仪式后，应达睡着了，明天早上醒来就会好的。给人家做完法事回来，人家好了，我自己就高兴。我舅娘经常生病，病了也会请我晚上去做点小仪式。人家病了请我们，我们不帮不行。师父说过，"人家来请了，必须帮。不管自己家里面有什么事都搁在后边，不能说'不帮'。"但我推过一次，真的不想去。当时我不会说汉语，汉族人听不懂我们的话。以前木里那边的汉族人也来请我们，那时候我父亲还在。我说："我不是东巴，我不会。小时候学了，后面没有学，做不起那种事情。我舅舅杨格果在那里，他是好东巴，你们请他去。我父亲是他的香灯师，东巴的助手，他们去得了。"有次加租村的汉族人家请我去做一个小仪式，宰一只鸡，在山上花了几小时，我们最后用笔画来交流。那次以后，我就很少去汉族的地方做仪式，到现在我也不去。

恋爱成家与外出打工

我的成丁礼不太一样，我提前两年穿裤子，11 岁属龙的那一年。因为我属马，爷爷属猴，我和爷爷八字不合，爷爷在去世前就交代我穿裤子要提前两年，这样就合了，之后才把那些东巴经书全部交给我。（到我成丁）那时爷爷已经去世，我自己给自己做成丁礼仪式，自己烧天香。公鸡一叫，我就开始烧香，屋里烧完，屋顶上烧。一般每家都有一个会烧香的，也有不会的，不会的看到有人在屋顶上烧，就去屋顶上烧。

成丁礼上要请一个八字合的大人来比画一下，穿裤子请男人，穿裙子请女人。

我不记得我成丁时请的谁，但裤子是我自己穿的，什么时候穿，就问一下懂这些的舅舅。当时我一只脚踩在猪膘上，一只脚踩在大米袋上。那时候的大米是我们自己种的，现在没有种大米的了。

我穿裤子的时候，我们太穷，什么都没有。我穿了一件长衣衫、一条自己量的裤子，裤脚有点大，现在老人穿的那种。当时我们穿的裤子是补的，没穿裤子之前，都只穿一双鞋。现在我的脚这么大的原因是小时候没穿过鞋，山上放牲口，到处跑，刺扎进去了也不痛，后来看到了才挑出来。我现在要穿 46 码的鞋，到丽江才能买到。

我儿子石帆穿裤子的时候，是请杨宝荣来穿的。石帆在我 25 岁时出生，和我一命，我们八字有点不合，就让他提前一年在 12 岁时穿裤子，他本来属马，我们提前一年相当于属蛇穿裤子。他衣服的颜色是蓝色，衣服是他妈妈从丽江买来的。石帆穿裤子，我有点高兴。在油米，我父亲这一代，关系最近的三家，同辈中现在只有他一个男孩。

生儿子的时候我高兴。我们这里认为儿子比女儿重要，如果只有女儿，找人家儿子来上门，像我父亲一样，下一辈必须和母亲同姓。自己有儿子，敬老人的下一代就有了。

我们这边坐月子有的 100 天，有的两个月，这期间天天杀鸡。每家每户都拿来一只鸡、鸡蛋、一点大米。哪家有事情，一个村的都必须去。现在多半是给点钱，100 元、150 元，需要什么可以买什么，方便一些。老人病了，有时候给 50 元、100 元，这是必须给的。我媳妇生大女儿石梅时，村子里每家每户必须来看一次。在我媳妇老房子那里，杀一只羊，一半带回来，一半拿给她家。她家要请客，请亲戚和她们一个姓的。我们有这种规矩，生第一胎时，一家给两只鸡，一只给岳父家，一只拿来我家，有时候岳父家的也会拿来我家，所以不用买鸡。我媳妇生第二胎时，一家给一只鸡，岳父家的那份没有了。生儿子时我父亲还在，对面木里有很多熟人，家里没有鸡了，就从那边买来养。

在油米村一般是父母给找媳妇，但我和嘎土 17 岁开始恋爱，是自己谈的。一开始她不同意，她父亲是我舅舅，我跟父母说了，父母再跟她父亲说，她后来就同意了。她长得好，以前在我们这个地方，在与她一样大的人中间，不属第一也属第二。有其他人想与她订婚，但是她不同意，有时我们也会因为这些事情吵架。

那时候我们经常去看电影，我们这里没有电视机，汉族人家那里有个放带子的录像屋。看录像一晚上 5 角钱。父母每次给我八九块钱支持我去看。我们自己要会计划，跟放录像的说："今天晚上 5 角钱，明天晚上可不可以免费看？如果不可以，今天晚上就不看！"放带子是必须放的，一个人也是看，两个人也是看。放带子的说可以，后面我们跟那家人就熟悉了。

有一天晚上我们跟放录像的打了架。我们说："今晚上五六个人，共给 2 块钱，行不行？"他挡在门口说："不行。"我说："不行，是吗？实在不行，我不给了。你打得起，我们就打一架。"我们少数民族会带把刀在腰上。"你要这个吗？戳你两刀？"他怕了，说："兄弟，不要整这种。你有 2 块钱，就给 2 块钱。"每次都是一晚上给钱，另一晚上不给，给的那晚上我们必须给。年龄小的娃娃都跟着我们后面去，我跟他说："人家小娃娃，给不起钱，他们能不能免费看？"后来我们就带进去了。

我是独生子，家里管得不严，调皮、打架，被惯坏了。在汉族人的地方，跟他们说话不对头了也打架，扔石头到人家房子里。当时年轻不懂事，后面我们不敢做了。现在想起来，那样整人家，自己心里感觉有点不好。

我们 19 岁订婚。那时没有通电，我拿着装两节电池的手电找媳妇去。我们的上一代是点火把。白天问她会害羞，晚上去问她："你嫁给我，可以吗？"她说："可以。"现在生活好了，可以打电话。我在 23 岁那年的 4 月结的婚，请石玉吓师父给我们做仪式，日子也是他算的。我们迎娶一位姑娘，必须算哪年哪月好。新姑娘进来的第一个月如果是拿刀的，不吉利，家里人会有病痛；如果那个月是拿一把扫把也不能结，最好是带奶、带枝丫、带花的这几个月。[1]算好月了还要算哪一天好，才能结婚。

我们那时十七八岁结婚的很多，拿 15 块钱去村委办结婚证。我们和我大姐夫阿公塔同一年结婚，我们一起去村公所办结婚证时，我给了 15 块钱，他给了 20 块钱。我现在都笑他，他办结婚证时买了啤酒给人家，人家又不喝啤酒，所以他办的时候给了 20 块钱。我说："你给他们买了啤酒，还多收 5 块钱，算是啤酒钱。"领结婚证的时候我心情有点好，我没有弟兄，想早点结，如果有弟兄，自己不结也行。

我们这里跟我差不多年纪的几乎都出去打过工，我第一次外出挣钱是 13 岁的时候，那时我小妈（小姨）嫁到树枝村去，家里没有钱，要为我小妈挣结婚的钱。那时候家里有些事要父亲做，我是老大，虽然年纪小，但不挣钱不行。我和我们村的伙伴一共 4 人去四川木里挖金，挖了 13 天，每个人得了 240 元。有个伙伴摇金牌（淘金），我洗的时候，有像黄铜的小块落了下来，我在嘴里咬了一下，感觉像金子。伙伴不相信我捡到的是金子，就用水银试验，在锅里烧，慢慢变成了一坨金子，差不多有两克多一点。小妈结婚办酒，240 元还

油米摩梭人认为一年十二个月用不同的东西代表，且每年不固定，带有不同的寓意。他们需要请东巴查阅经书得知。

不够，又问石玉宝家的老大石给佐借了 100 元。那时候挂礼有点少，5 角、1元，有些是一块布、一条围巾，那次礼钱才得几十块钱。

我 17 岁刚刚和我媳妇谈恋爱的时候，去四川拉罗伐木一个月。那时我叔叔，也就是石玛宁的哥哥，在当老板，他带着我们去做工人。我叔叔没有给我钱，给了我一匹马算 600 元。

第三次出去是我二十三四岁时，去香格里拉修公路。那次去做了几十天，得了 380 元。修路一天才 8 块钱，金矿里一天 20 块钱，稻城打工一天 13 块钱。工价太低，我们挣不到钱，就不干了。后来去金矿里当小工，我有个老表说那里好挣钱。我们顺河走了两天，都是小路，我们天天在山上走，习惯了。我们背一个背包，装上晚上盖的被子、路上吃的，有时候还会背着锅。那时不通公路，只有翻过加泽大山，走路过去。那时候我家小妹准备读昆明的交通学校，是家里最缺钱的时候。我想着自己挣点钱，供妹妹读书，以后她当个国家职工，对她自己好一点，对我也好一点。后来妹妹考老师时没有考上，在木里找了个男朋友。木里那边安了太阳能，但是没有通电，到今年（2018 年）移动电话才有一点点信号。今年我家宰猪的那天，妹夫上山砍柴翻车了，就这样去世了。我家妹妹读书读得好，有个德国人资助过她，但是再聪明还是得靠命运，那是她的命运，命中注定。我另外一个妹妹嫁到大嬢（大姑）石古玛米家，现在在丽江打工。

出去找钱也碰到很多事，金矿那里太乱了，天天打架，一帮一帮地打群架。我也打过，是帮老板争矿山。矿山被你挖过来，被他挖过去，如果挖到金子，那就是钱，他们就为了争金子。老板说打架去，我们出了什么事情由他负责。如果我们不去，他就不给我们工钱，我们不打架不行。矿山里炸药多，打架用炸药，铝管、炸药、引线，用烟点燃，有的在空中炸，有的在地上炸，里面什么都不装，就伤不到人。我们也面对面打过架，打赢了高兴，因为打输了老板会扣一点工资，到后来就不扣了。

当时在金矿里，高山又冷又没有水，我们头发都是卷着的，也不能洗脸。山岩上太危险了，死过人。当时我们一排排地在洞子里干活，矿石掉下来，砸到了一个湖南人头上，死在了我们面前。我们当时有点害怕，不敢摸，他兄弟哭得很伤心，我看人家可怜，帮忙把他抬了出来，湖南老板私了赔偿了 20 万元。现在想起来都怕，那时候太危险了。我们东巴给意外事故做仪式，要算自己的八字，八字好的那年才做得成，不好的那年，人家请来了也做不成。人家不知道我们是东巴，我们民族如果遇到了这种事情，就不会继续在这里做事了，不吉利。第二天湖南老板把工钱结给我们，我们就走了。在那里做了差不多一年，与矿山老板有点熟悉了，我们比较听话，所以老板希望我们回去，两个月以后我们又回去了。他把一段路安排给我挖，我自己承包，请了三四个小工，挣了几千块。

那条路修完了以后，湖南的李老板给我安排了几个好的活路。我带回来 100 克金子和一点钱。我家么叔说："哎哟！你们是吃到了金子。"稻城那边，1 克金子 80 块钱，我卖掉金子，花 1 300 元买了一套给马打扮的东西，那时候用 1 300 元钱差不多了。后来我把那套给了我妹夫，我的马现在戴的那套才 400 块钱。

在外面打工，家里有节日的时候，我们一个地方的伙伴就到经销店买一点吃的，一起到高山上烧香，一起耍。那次有个一起在木里挖金的永宁人病了，疯了乱叫。我们认识他，他们就请我做个仪式。他们说："山里面你是大拇指，你来做就太好了。"我做完了仪式，他也睡着了。第二天早上他好了，给我拿来两条金五牛的烟，还磕了个头。我说不要磕头，他说："在山里面幸好有你，谢谢你！"后来在贡嘎下面的金矿做工时，有个加泽落科村的耍得好的伙伴，有一晚上他父亲也得了那种病，用汉语说就是下面沟沟头有个人喊他，他要跳下去，三四个小伙子拦都拦不住，他说必须去。第二天我们去下面沟沟头看，发现那边以前烧过人。我用石头堆在火边，做了个仪式，他父亲就好了。那个伙伴给我 200 块钱，我没要，后来给我拿了一条烟。他现在在丽江开酒吧，我得了囊胃炎，在丽江开刀住院，把睡在医院的照片发在朋友圈，他看见后第二天就来看我了。

我结婚后就没有时间学东巴了，因为我们这里什么经济来源都没有，要去外面打工挣钱。在我 25 岁那年儿子出生后，我就去不成了，老板就散伙了。后来家里没穿的，就出去打工一两个月再回来。我和媳妇一起去过梨园电站，做了两三个月得了六七千元。我这些年才懂事一点点，但是我现在没有攒到钱。我还去过丽江九河松园桥的桥头，给栽树的打洞，做了一个月。我们承包挖一个洞 30 块钱，带了 20 个民工，给他们 15 块钱一个，差不多挣了两万多块钱。民工工费全部给了，我们的工钱，到今天还有 24 000 块钱没有给我。因为我心太软了，华坪的一个带班头还骗了我 1 万块钱，他说帮家里掰苞谷，一天算 100 块钱。我在丽江住院，打电话找他要钱，他第二天就换了号码失联了。我有他的身份证号码和欠条，但为了 1 万块钱去起诉，算上起诉费和七七八八，1 万块钱都不晓得够不够，划不来。我今年修一个洗澡间、卫生间，没有时间出去，修完了就出去找他。

我现在自己家里用的钱都没有了。儿子在丽江职中，女儿在丽江读高中。媳妇说，她春节完了去丽江打工，她问我可不可以。我说："供得起娃娃就可以去。"母亲六十几岁了，经常生病，我们两个人不能都出去。

为亲人做超度仪式

我 13 岁开始外出打工找钱养家，但到我三十七八岁，父亲去世以后我才有点懂事了。父亲在世的时候，靠父亲。我和石给苴同一年修房子，屋顶上泥巴抹好后要敲平，他父亲在，有敲平的人。我那时候才想起父亲，但已经晚了。

我二孃在加泽村委会旁边办了个经销店，她出去逛，父亲就在那里守着顶起喝酒，后来就得病了。那年我在四川南坪包工程，没有挣到钱，还倒贴了。家里打来电话说父亲病了，我说送医院，那时候我一分钱也没有，实在没有办法了，找亲戚凑钱。我在南坪有一些亲戚，有些给 50 元，有些给 100 元，有些给两三百元，次瓦村的老表知道我那年倒贴钱，给了 1 200 元。

我大妹认字，她取出医院的检查单，在医院外面哭，跟我说父亲好不起了。大妹说完这句话，我眼泪就弹了出来，太伤心了！心里太乱了！自己做工地亏了，父亲也病了，自己父亲都医不起，我感觉全天下只有自己才有灾难，一辈子都不顺。父亲是肝硬化，喝酒喝的。我跟医生说："不管怎么样，医一下！"医生都没有医的意思了。

我们这边的人在外面去世是不好的。当时我给石文君伯父打电话："医生说父亲好不起了，宁蒗都到不起了。"他说："医生说的是吓人的，我们家这支人没有死在外面的，这种事情不会变的，你不怕！"我心里也有点放心了，跟父亲说："医生说了，你这个不恼火，用草药来医，好得起！"父亲相信了，我就把他带了回来。当时我们住在下村的老房子里，是全村最古老的房子。小妈牵着马在路口等我们，父亲下马时小妈哭了出来，父亲就知道了。父亲到了家里，我也放心了。

父亲在家里住了 17 天就去世。我们这边人要落气的时候，必须有一匹马作伴，把马拴在门前，在他枕头下放我们东巴跳舞时用的铲刀，一落气，带着刀和马一起走。父亲临终的前两晚，问我买马了没有，我说没有，我心里有点不安逸。第二天早上天不亮我就起来，喝完茶走上去，遇到了做骡马生意的老表，他带我到汉族的地方转了转，没有我看上的白马。加泽最好的那匹马在落科村，我兄弟在那边，他问我买不买得起，我说："买！怎么买不起，我拉账都买！"那时候 5 000 多元的一匹马是最贵的，那匹马大，5 380 元卖给我的。晚上我拉来给父亲看，必须给他看，他用眼睛看了，我也就放心了。

父亲去世时，两个妹妹都要用一头牛招待客人一顿饭。我们家里有头牛，不大，是用谷子补了 1 000 块钱跟落科村的兄弟换来的。我们现在杀的牲口有点节省了，以前我们每天晚上都杀一只猪或羊，现在两晚上杀一只，如果不控制，一家争比一家做得好。共产党说了，"不要杀，不要浪费"。把那些牲口全部都杀掉了，家里又吃不完，全部浪费，那样恼火。

如果我们这里一个东巴去世，那家人恼火，东巴恼火，本村子也恼火。爷爷去世时，超度仪式是石英支扎实和爷爷的两个徒弟主持的。那时我父亲向杨文国舅舅借了400元，买了一只牦羊。本村里爷爷以前给做仪式的应达必须拉一只羊过来，当时羊有80多只，布落村都拉来了两三只羊。

我父亲的超度仪式是我主持的，石玛宁和阿泽里协助，我们这个地方东巴倒是可以，全部都是一起做。父亲的超度仪式上，石文君伯父说不用买牦牛了，所以我只买了一只牦羊。做超度仪式时，四匹马都不抖，羊不抖，牦羊也不抖，有些人说不抖是好事，一个都不抖是最好的，抖得快是不好的。我家父亲去世的那一年属虎，到今年石文君伯父去世，已经八九年了，这期间我们这一支人什么不好的事情都没有发生。

我父亲对村里是有贡献的。那时候村里没有打针的，他自学打针，免费打小针、吊针。有人要渡江的时候，他就送人过江。父亲会打卦，有一家汉族人来打卦，父亲说："你家良心有点不好，不超过三天要死一个人，是凶死的。"他家不相信，到了第四天，他家的父亲在俄亚乡挖金，金洞一塌，被压死在那里。那件事后，他们说我父亲是"活菩萨"。父亲在家里多半不打卦，人家来请了，不得不打的时候才打。

听说父亲的眼睛以前用乌鸦的血抹过，我们这里死一个人，是怎么死的，他百分之二三十看得见，能估计得出来，用汉族人的话讲，"见鬼了"。我家老岳父快不在的时候，父亲看见了老岳父的脑袋没有了，说老岳父不超过一年会有事。有头的时候可以喊得回来，头没有了再喊就晚了。老岳父不在的前一个月，我梦见杨多吉扎实舅舅站在他家庄子上烧天香、敲鼓，我拉着一头牛、一匹马到他家门口，他屋里有很多人站着。刚刚一个月后的那天晚上，老岳父就病逝了。

我师父去世的时候，我们必须站出来。我们向他学完了东巴，他去世的那天我们必须放一头牦牛，我和阿泽里搭伙放一头牦牛，杨布里和石玛宁搭伙放一头牦牛。师父在世的时候，他在我们上面坐着，什么事情我们都可以放心地去做，因为这里有师父。师父不在了，我们好伤心，因为在仪式上自己是老大了，什么压力都是自己背，感觉责任重了。

石文君伯父的丧葬仪式也是我主持的，他是他父亲的接班人，在我心中，他是我们这片最大的侠武，三江口上来到我们这里，像他这样厉害的一个都没有，他去世得有点早，可惜了。我伯父最遗憾的是，侠武唱的歌只录了两晚上，后来他唱不出来了，搞不赢了。

伯父有什么东巴的东西就支持我，七八年前他送我一个东巴戴的老庄，是爷爷的。他说我学了东巴后有一样东西必须送给我，他不知道那个东西放哪里了，天天找，终于在火塘旁供奉的猪头上找到了。今年伯父给我一本石家的家谱，他请阿公塔写的，我并不知道。伯父跟我说："你家也准备一本石家家谱，阿公塔写完了。给阿公塔钱也好，茶也好，你不用给，我自己给，这本书是我给你的。"我有了不祥的预感，伯父之前跟我说，他父亲73岁去世的，他必须活到73岁，结果他刚刚活到73岁。我家父亲也那样说，他妈妈是57岁走的，他也就能活五十七八岁，真的是58岁就去世了。

石文君伯父的超度仪式上，我拉了一匹马，不拉不行，因为父亲不在的时候，他家拉来一匹马。我们拉一匹马，要给东巴一桶茶、一张布，必须给，这次给了东巴100元，四匹马就是400元，给东巴的钱，我们平均分了。伯父的牦羊是我来放的，以前父亲去世的时候，牦羊是他家拉起来的，那时候一只牦羊480块钱，现在是1 660块钱。

伯父的超度仪式是我主持的，石玛宁在那场仪式的东巴里算老二，安排阿泽里做老三。放牦羊安排杨布里做，别的事情就随便安排东巴了。客人集中的那天晚上杀一头牛，我们东巴只带那头牛的膀子，别的退转去，那个膀子给了杨多吉扎实舅舅，他比我们年龄大，别的东巴我们随便安排。点灯的那个晚上，请一些人在上面搭布，石文君伯父的亲戚每家拿来一桶茶、一包盐、三桶米，如果给得起钱，给 10 块钱、20 块钱也可以，总共算下来差不多 3 000 多块钱。我们所有帮忙的都算了钱，东巴请的香灯师来倒酒，干多少活也就多少钱，我的香灯师是杨嘎若。我母亲和他母亲是姊妹，我爷爷和他爷爷是弟兄。其他帮忙的每家每户安排 180~200 元就行了，不然钱不够算。我让他们自己安排，杨嘎若记账，我告诉他们钱怎么安排：东巴这边第一等 600 元，第二等 200 元，其他的 100 元。钱全部分完了，我和石玛宁都给了 600 元。

丧葬仪式那天我哭了，我真的遗憾！我说："只有录了一半的歌，你走了，为什么？"好些人都哭了，但是我要主持，自己心硬的地方必须硬，自己要站起来，不站起来，一早上地哭，耽搁了时间，这么多人全部都看我们东巴要怎么整。那时候我把眼泪擦干了，但是要跳舞的时候，我的声音念不出来，是伙伴撑起的。他是我的伯父，我们所有的事情都问他，现在没有了问处，有什么事都得自己承担。

我给石文君伯父念经书的时候，泪水不断地涌出来。经书上说，这里没有你住的地方了，你先在这里，等客人走了，你慢慢地走。我一念那种经，心里就不好受，声音出不来，念不下去了，其他东巴就跟着念，如果你听我们念经书，心里面会感动得很。侠武不在了，早上要敬茶，跪着都要念出（经书）来，讲的是，你的子女这些下一代来敬茶，告诉你茶哪里来的，碗哪里来的，盘子哪里来的，相当有意思。现在没有会哭的人了，以前会哭的是杨多吉扎实的妈妈，杨多吉扎实的爸爸去世的时候，每天早上鸡叫，她来哭，喊他爸爸起来喝茶，哭的声音就像说的，东巴经书里和她哭的是一样的。必须是女儿来哭，女人会教的，她们哭的我听过了，就是纳西话，东巴经书里有，用东巴经书来教也是可以的。用纳西音调来哭，像唱歌一样，"山上的动物已经醒了，你也可以起来了，家里面的公鸡叫了，你也必须起来喝茶……"

不能让东巴文化断了

在我的东巴法器中，我最心爱爷爷临终的时候送给我的福珠。爷爷以前戴过，他的神灵附在上面，我们洗都不敢洗。看到爷爷留给我的这些物件就感觉看到了爷爷。东巴去世后变成了神，我们做仪式的时候，带上它把所有去世东巴的名字都念一遍，请他们米帮忙一起做仪式，做完仪式后再把他们送上去。

我爷爷是位大东巴，以前杨家的仪式全部是由我爷爷来做的，三江口上来布落村、次瓦村都由我爷爷去做仪式。现在次瓦村有东巴了，他们自己做。爷爷去世时，我还做不起全部仪式，爷爷负责的那些应达有的交给石玉吓，有的交给杨家。我现在负责的应达有五家：石文君伯父一家、我表舅石玉宝三家（石玉宝、石给苴、石品初）、我兄弟杨嘎若家。石玉宝三家是石玛宁做不完了，请我来做的。

我现在负责的应达少一点才好，如果多了就不能出去打工，娃娃就读不起书了。每年过完年我们马上做"放生鸡"仪式，做完我就走了。（农历）五月以后"消灾"仪式，冬月杀猪节后做"退口舌""大祭风"仪式，做这些仪式的时候我再回来。石玛宁说把以前爷爷负责的应达还给我，我说还不行，我娃娃还在读书，实在忙不过来，要出去挣钱。我有时候在外面打工，应达有事情了，随便的小仪式，让石玛宁帮忙做。

我们东巴是联合的，有些时候村子里有事东巴必须回来，这太麻烦了。如果我不是东巴，出去后村子里有事，就不用回来。我们村里有 9 个东巴，我自己有事的时候其他东巴全部来帮忙，人家有事的时候给我打了电话，我不在，我心里面不好过，所以必须来。

东巴都不得什么钱。超度仪式七八天，最多给 500 块钱，杀个牛的话，得一个牛腿子。现在会算账的人，不会学东巴，都去外面打工挣钱，现在年轻人学东巴的少，所以自己收徒弟也是有点恼火。我没有上过学，没有摸过笔，画得不好，我儿子现在学肯定还是可以的，他画画倒是画得好，但是现在钱从哪里来？所以现在他学不学东巴随他吧。但以后他是必须学东巴的，被逼着也要学，我们丢掉自己的文化是不行的，我爷爷把东巴文化传下来，到我这一代儿子不多，如果我这里断掉了，自己心里面就有点不好过了。

我跟着爷爷读书，必须接受，难是有难处，自己都要顶过去。我们对老人最尊重了，老人说的事情，我们千万不能说不做，因为自己以后都是会老的，如果小的不按照我们说的那样做，自己心里会不安逸的。爷爷是一家之主，如果他不安逸，就不行了。

做东巴苦的感觉我倒是有，因为一念有些经书就头痛头晕，跳舞的时候，因为我太胖了，跳得脚痛。我认为我们村里的东巴文化倒是差不多，现在只有我们油米在全力传承东巴，我们东巴也比较团结。等我供完了两个孩子，我就在家里写写经书。现在家里挂的唐卡只有两张，是去年请石玛宁写的，我涂的颜色。我们做东巴的，没有一个后悔的。

阿泽里，1979 年生人。从小跟随父亲学东巴，12 岁拜石玉吓为师。18 岁开始外出打工，到四川木里周边挖金。

阿泽里东巴

采录整理　庄洧菜　田秘林

访谈地点　宁蒗县拉伯乡加泽村委会油米村 91 号

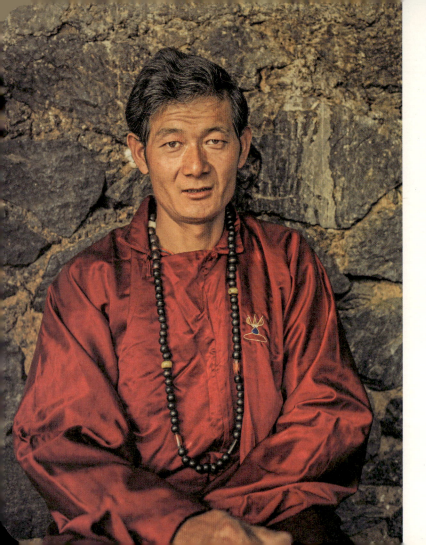

① 阿泽里东巴

经文汉译：

东巴要胜过鬼，官人¹要胜过事。

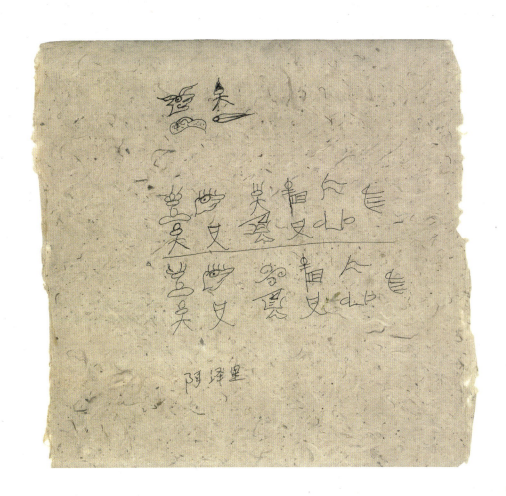

1
指当官的人

经文汉译：

东巴要胜过鬼，官人[1]要胜过事。

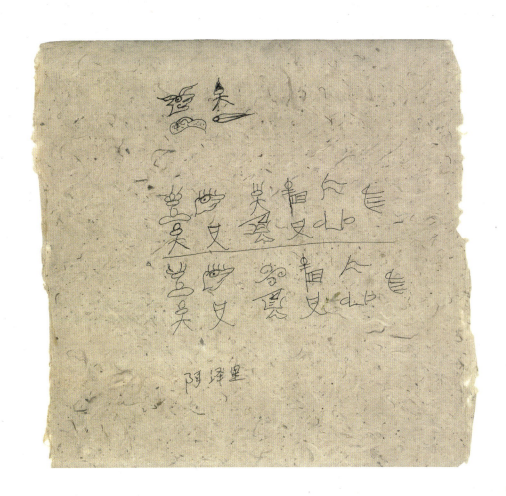

1
指当官的人

我 1979 年出生，属羊。在加泽完小读到二年级后，我父母就不让我上学了，让我跟父亲阿哈巴次（1936—2016 年）学东巴，12 岁时再拜石玉吓为师学东巴。在我们阿家，我的两个公公、父亲都是东巴。公公是我父亲的爷爷，叫阿格公塔、阿甲初独吉。阿格公塔公公在我父亲十七八岁的时候就去世了，他在世的时候，仪式全部是他做的。

其实我原先不想学东巴，是父亲强迫我学的。我们学东巴要算八字和属相，也有人不合适。父亲看我的八字和属相是合的，所以让我学东巴。我还有个哥哥阿博布（1967—1992 年），他大我 12 岁，但他 26 岁时就不在了。以前儿女多，我们都很辛苦。白天要去放牛放羊干活，晚上要去下边背水，自己去推磨，那时没有机器。到了十一二点才吃晚饭，九点我就睡着了，吃晚饭时父亲才拉我起来，叫我念东巴经，我不想起来，那时候年纪太小了。

我学东巴时，父母特别高兴。我母亲石拉姆（1943—2017 年）很支持我学东巴。小时候我们看哪里有好玩的就往哪去，跟家里说是去读书。后来母亲知道了，看着有点不对，就天天送我们去师父家。她会带点松明，送我到师父家，看着我进门了才回去。有时母亲不送的时候，我们把松明藏在路边的柴火堆里就去玩了。以前路上有一堆一堆的松芽，我们就在松芽上玩摔跤、唱歌。那时没有电视，村里的小孩子集中一处一起玩，过年的时候跳锅庄舞，连跳十几天。

小时候父亲不会骂我们，但有时候我们不听话母亲会打我们。有一天我跟母亲去放羊，那晚有两只羊没有回来。母亲站在山头找，我们两个看到了羊在下面，我先把石头扔下去，不小心砸到小羊头顶。我下去看时，小羊已经没气了，母亲就骂我。当时我把小羊抱回来，丢在家里后就跑了，不跑母亲会打我的。那天晚上我去姐姐家吃的晚饭，晚上悄悄地回来，第二天早上母亲气消了。我知道自己错了，但羊回不来了。小时候我挺怕母亲，而不管我去哪里，父亲都会背我回来。

我哥哥也很支持我学东巴。他什么活都不让我做，让我好好做东巴。我13岁成丁礼时杀了一只大山羊，是哥哥做了点小生意换来的。他只有一匹马，天天驮货到永宁，有时也去四川卖货。哥哥还给我买了一套裤装，我太喜欢了，当时心里太开心了，我没穿过这种衣服。小时候穿的是母亲手缝的长纱衣。我们小时候没穿过鞋子，那年我穿了全套的新衣服、新鞋子、新帽子，挺高兴的。小的时候过年最开心，大家会笑着说："今年换你成丁了。"现在生活好了，一生下来就有裤子穿，我们以前十一二岁还没有裤子穿，套长纱拴上腰带而已。我儿子的成丁礼什么都有，狐狸皮帽子、楚巴长刀都买了。我大儿子阿多吉扎实 2018 年成丁，他叔叔买了一把藏刀，他舅舅也送了一把藏刀。

成丁礼就在家里做。大年初一在家烧一炷天香，烧到一半的时候，就可以穿裤子了，是哥哥给我穿的裤子。我们敬祖先的时候有两种仪式：一种不管是女人还是男人，全部把名字写在经书里，全部要敬；另一种是有一本全部写男人的名字。成丁的时候，先念第一种，念第二种的时候开始穿裤子。我一脚踩在猪膘上，一脚踩在米袋上。如果是女人成丁礼的话是穿裙子，不踩猪膘，踩的是圆形的猪油。

我十二三岁时已经可以将超度仪式的经书全部背出来了，我学得快，但是忘得也快，我 15 岁时基本学完了。后来十七八岁就去打工了，打工了好几年，那时二哥阿绍军还在家，家里没有太多负担。

父亲 17 岁的时候，阿甲初独吉公公教的仪式他就全部都学完了，他就一个人去做仪式。"文革"的时候，经书被烧了，我父亲说烧经书时他年纪还小，当时负责烧经书的人叫东巴来安排，老东巴都知道谁家有几本书。烧书的时候他就站在那里看着，阿家只有祭祖的经书没烧，其他一样都没留住。阿家的东巴当时只有我父亲。阿次儿叔叔曾经也是一位东巴，但是他后来做了支部书记，东巴就做不成了。后来父亲去参加培训一两年后做了加泽乡会计，那时是加泽乡，现在是村委会，他干了几年就没干了。他说那时候我们村子里还是保有东巴文化，大部分人不会写字，也不会说汉语。

"文革"结束后，父亲又做回东巴了。他就拜石英支扎实为师，他以前学的东巴有些忘了，但石英支扎实还是有保留的。在保存东巴文化这方面，石英支扎实功劳最大。当时石玉吓师父等人天天去找经书，很不容易，连吃的都没有，家里只有苞谷，那时候牵着马，蒸点饭，就背起去四川俄亚乡附近找经书，现在很多的书是从四川俄亚乡找回来的。

我公公、父亲都还在的时候，他们最相信的就是我们求雨的经书，那个时候我们村子多半是阿家去求雨，求雨经书太好了，被烧掉后找不着了。以前我公公他们去求雨后，回来的路上还没到家里就下雨了。当时只要干旱了就天天去求雨。最早到油米村的是石家，阿家是从托甸搬过来的，找了一个石家的女子，石家给他们送点地，就安家在这里了。我们阿家在上边汉族地方的旁边有个水龙，每年大年初二，阿家全体祭水龙，初二早上，就是求雨的时候，每次都是当天晚上就下雨，下好几天。我父亲说，有时候他们没做完仪式就下大雨了。他学过求雨那本经书，求雨的经一般人不会。后来阿公塔和我们几个在丽江那边去找求雨经书，给我父亲看后，他说不一样，以前的比较深刻，好多内容里面没有说到，和我家以前的那本不同。"我们阿家以前那本经书是太好了。"他这样跟我们说。

我们过年的时候用的《祭祖经》是讲灵魂的，内容是讲述全部的祖先，这套经书有一打这么多，父亲说只有公公才念得出来，经书上全部是图画，看图画念字。以前经书有好几百套，后来都被烧了，找不着了。父亲保留了敬祖先的几本经书，如果不保留，阿家的经书现在就都没有了。

在我印象中，我父亲真的是一个很了不起的人，但他在农村没有什么地位。1995年宁蒗的一个叔叔去世了，仪式全部是石玉吓师父和我父亲做，那时父亲60岁，还走得动。去宁蒗做仪式很麻烦，物料需要我们来准备，他们没有这些东西。以前父亲做东巴时，仪式需要的东西他全部都会准备，有时还要去山上砍需要的东西，他真的很心善，别人一说他就会去。像我们头上抹的酥油，汉族人基本上不会有，所以酥油他都会帮忙带去。以前这一片的仪式全部是我公公做的，当时生活特别困难的人很多，我们东巴做各种仪式，糌粑和酥油是要用到的，没有酥油的人家，我公公自己也会带过去。小时候父亲常常带着酥油去汉族人家做仪式，汉族基本不做太大的仪式。以前普米族人家也请我父亲，现在他们有道士了。过去我们这里全都是东巴治病。加泽上来的库土村、两家村、瓦日村和上落科村的普米族，全都是我公公给治病。

拜石玉吓师父为师

我跟父亲学东巴是在家里，不需要拜师仪式。我 12 岁时拜石玉吓为师，拜师时有个仪式，烧了一笼香。我们拜师一般是过年的初一比较好，带着酒、猪膘、火腿等，向师父烧香，磕一下头就好了。拜石玉吓师父为师的时候，我们四个徒弟一起，石玛宁和杨给苴是在我前面先学的，石玛宁是大师兄，杨给苴是二师兄，我是三师兄，杨布里是四师弟。书我还是读得比较快的，杨给苴和我差不多，他五六岁时他爷爷就教他学东巴了，没上过学。后来我跟着师父学了差不多 20 年。石玉吓师父是在虎年即 2010 年去世的，当时我 32 岁。

跟石玉吓师父学东巴时，我们有伙伴一起学。当时最难的经书师父念一两遍，我们就会了，有几个不会的地方，一个人忘记了，另一个人可以记住，他教我们一遍，第二遍我们自己读，一个晚上一本书自己读两三遍就睡了。

师父挺喜欢我们几个的，做什么仪式都带我们去，请师父做仪式的人很多，以前落科村、次瓦村、树枝村都请我们几个，那些汉族村子我们也去帮忙。现在次瓦村有了自己的东巴，树枝村他们也差不多（自己）做得起来，有时候做超度仪式时，我们还是要去。超度仪式有点难，其他的仪式两三天就做完了。这一带数我师父最厉害了，像压凶鬼的仪式，有些东巴不会压，我师父和我父亲以前帮过好几场。

我师父石玉吓还是挺可以的，他以前在兽医站当兽医，如果他父亲（石英支扎实）不强迫他回来的话，他后来肯定能当上拉伯乡兽医站的站长，可是他父亲不准他当兽医了，叫他回家做东巴。村民很尊敬我师父，当时他脾气有点凶，生气的时候会骂人打人，喝酒后脾气有些暴躁，但对徒弟还是挺好的。他们说他以前是会打徒弟的，我们捆书的有个绳子，他用那个当鞭子打头，徒弟学不好了就会打，后面我们学时没被打过。

2007年农历二月初我们开始跟石玉吓师父学东巴舞，学了大概一个星期，我父亲年纪大了，那时他有点瘫，脚走不起了，我就跟石玉吓师父学。我和杨布里、石玛宁、杨给苴四个一起学的。我们去松林坪子那边，每人带一只公鸡、一点酒和食物，到了就烧一笼香，烧完香才能学舞。当时师父有点病了，身体不太好。鼠舞、凤凰舞和其他神灵的舞我们全部学了，他说以后要天天练习，不练习就会忘记。

我们有一套学舞蹈的经书，书里有一本舞谱。石玉吓师父先给我们跳一次，然后要我们跟着跳一次。跳的时候这个动作不对，那个动作不对，他就会做动作来教我们。东巴舞的类型有几十种，我现在会龙舞、虎舞、狮子舞、鹰舞、孔雀舞、鹤舞、大象舞、豹子舞、马鹿舞、野牛舞，水獭舞、蛇舞和牦牛舞，基本上舞谱上的我都会。在这些舞蹈中，虎舞、鹰舞和牦牛舞是跳得最多的。一般是先跳鹰舞，代表会飞的神舞，老虎是有掌的，代表全部有掌的（动物），每次都要跳老虎舞。

以前我们四个天天在一起，关系很好，在一起读书，在一起玩，挺开心的。人多的时候，学也好学。小时候我们特别怕师父，在师父旁边不敢抽烟，怕他打，悄悄地去旁边抽。那时帮人做仪式，人家会给烟，师父不在时我们就偷偷抽，师父会骂我们。到我们二十几岁了，他知道我们抽烟，会发烟给我们。

我学到十七八岁开始做小仪式，做一天的仪式，像祭风、消灾仪式这些，有时候师父会叫我们去，他不去；师父在的时候就他来做，我们不做。以前小的时候做完仪式还是挺开心，更成熟后什么仪式我都能主持了，但压力也要自己承担。

做仪式时要看规程慢慢来，做什么法事都是这样，做得不对不行，尤其是祭祖先的名字，一个字都不能乱，乱了会不顺，祖先生气是不好的。我们头上有个祖先居住的地方，我们把他们送到那里去，一年一度的，再请下来、送上去，如果家里敬得不对，祖先有的病痛，后辈的人也会有。我们第一个是敬菩萨、敬祖先。

我18岁开始出去打工，出发前会在家里烧一次香，到了哪里有高的地方，有烧香的就去烧。比如去耳泽，经过贡嘎雪山就烧个香，有节日的时候我们也烧香，7月转山节会全部停工去转山烧香。我出去打工还是会烧香的，走到一个地方就烧一笼香，不管做什么事，先烧一笼香，向山神交代一下，之后做什么事情就真的有点顺利。我父亲说过，做什么事要先烧香。以前山上牛羊等牲口丢了，我父亲也会烧香，他说山神太灵，丢了也能找到。在外打工的时候，我们也会做点小仪式，烧一点香，烧一点骨头给那些凶鬼吃。如果有人晕倒了做个小仪式，放一只生鸡。有一次在稻城，我们去放网，得到一条大鱼，把那条鱼捞上来放到棚子里，突然间有个小伙子就病了，他说全身痛。我给他搞了个小的撒灰仪式，一个多小时后他就有点好了。那天其他伙伴全部去工地上了，他跟我说："哥哥你就坐在我的旁边，不要去工地了，请你做个小仪式。"我说："好，不去干活了，坐你的旁边。"我给他做了个小仪式，他就好了。

当时我们加泽这里的人挺多都是一起出去的。之前大部分去稻城那边给藏族人家建房，一天五六块钱，当时的藏族人是有点钱的。我们这个地方经济太困难了，找钱的地方都没有。后来全部走到耳泽金矿那里，一天30块钱。矿洞里很危险，放炸药时，一山一山地塌下来，山上很可怕。矿山的后坡上面我们不敢去，在矿山下工作的人是比较安全的。我选在下面平坦的地方做仪式。当时那里太乱了，天天有人喝酒打架，像是黑社会，大家彼此间争矿，老板、员工天天打架。

矿山上有索道，小矿石从索道里放下来。那些大石头，一个有四五十斤，把矿放在池子里泡水，再取出金子。矿山里是会死人的，当时死了好多个。我印象最深的是，有一次我们加泽的两个人被雷管炸到，话都说不出来了，我跟他们有点亲戚关系。当时在耳泽的民工有二三百个，外地来的到晚上就全部跑了，只有我们加泽的几十个人住在棚子里面。那时太恼火了，车路没通，电话不通，到了晚上我们才把受伤的人抬出来，送到木里去。那时要走一天一夜，我们把他们扛下来，那晚连饭都吃不着，第二天，抬到了下面金矿那儿，送到医院，他后来活过来了，但是眼睛看不见了。

有一年去木里龙达挖金，在四川那边。我们挖金运气不好，这么大的一塘挖下去，全部由人工背上来，挖了一年多，到了底下九尺一块金都没见到。后来其他人去另一个塘了，在那里有熟人，找到了金子。以前在那里挖金的有得过一两斤，我们一分钱也没挣到。后来再往下打，有人得了半斤多，当时一克金子一百八九十元。

那时挖到金就是自己得，我和我舅子搭伙买了机器，如果得了金子，就五五分，后来刚好保本。之后我没去挖金，我本身跟金子无缘。有一次我总算挖到了一坨金子，大概五六十克，要到永宁去卖，那时主要是鹤庆、大理那边来的老板来买。到了永宁，他们人不在，只好把金子带回来。我骑在马上，金子放在腰上的口袋里，骑马的时候金子掉了出去。那时一克金子120元，五六十克金子也得有六七千元，当时心里很着急。那天路上回来的人很多，有100多个，走得最快的是我们油米的。我有些伙伴建议一个一个地搜身，我说："算了吧，人家不是偷的，是捡到的，问问看如果有捡到的，六七千给人家一半。"

那天找了一晚上，后来我觉得算了，不用去找了，人这么多，估计是在路过垭口时甩在路边了。我家两个舅子说一定要上去找一下，找了以后还是没找到。我一个舅子还到我刚骑马那里去找，在永宁再上去一点，他拉着一匹骡子，我和另外一个舅子在山上等着，等了四五个小时，他才回来。对这样的事，我们东巴是有看法的，我们杀一只鸡，看鸡的舌头，全部在外面吊起来，这样弯着，代表失财了。那晚我们没吃饭，在库土杀了只鸡，那舌头还是往外翘，我说："找不到了，算了。"有时候我们东巴经书真的太灵了。鸡的翅膀上有"鸡卦"[1]，羊的膀子是我们东巴做仪式时每次都要看的。这些是父亲教我的，以前的老人基本上都会看羊膀子，我们做什么仪式都会看羊膀子。

1
流行于当地民间的一种占卜术，用鸡骨来卜卦。

钱掉了，我也不伤心，掉就掉了，我一个哥哥特别着急，我说不用了，已经丢了，肯定有人捡到，我哥哥又去找，那时六七千元是很大一笔钱。后来还是没找到。杨格果看了经书，他说："反正找是找不到了，有一个人捡到了这个金子，但是他不会给你们的。"那年属鸡，我真的在金子上没有缘分。挖金两年都没找到，人家另一边金子好多，挖几十斤的也有。后来我没再挖了。

做仪式是我们的使命

我当东巴到现在做了好几次超度仪式，第一次主持大的超度仪式是在 2009 年。那年家里没有钱，我在宁蒗飞机场那里打工，和石玛宁包了一个水沟工程。当时跟老板谈好价钱了，一天 300 多元，收入还是可以的。结果村里打电话来了，一个哥哥阿英支去世了。他在家里病了，拉到宁蒗就去世了。在宁蒗火化后，他的骨头被拿回来家里做仪式。工地也就做不成了，家里有事要马上回来，不能耽误。

还有一次我跟石玛宁去梨园电站打工，我叔叔家的一个婶婶石米娘去世了，我们要赶回来超度。那天一直下雨，从梨园电站回来，一般要走两三天，我们两天就赶回来了。在三江口住一晚上，还是一直下雨，全身都湿了，到次瓦村时天已经黑了，我母亲的姐姐让我们在她家住一晚，我们说有急事，不能睡在那里。到了树枝村差不多 11 点，那里也有亲戚，我们找了饭吃，当晚就回来了。第二天一早我们没休息就去叔叔家做超度仪式，石玛宁是他们的东巴，全部由他来安排，侠武、香灯师全部都一起过去。

我们就这样来回跑。反正如果人家有事要请我们东巴回来，那就一定要回来，当了东巴，在哪里都要回来。小仪式的话可以请同伴，如果是人去世的大仪式就要亲自回来，我们去不了太远的地方。去年和前年打工比较顺，很少有中途赶回来的。

我们这里春节一过，全部都在做仪式，持续一两个月天天去做仪式，有些家做仪式多的是四五天，做"放生鸡"，做"小祭风""大祭风"，一天的仪式，"敬水龙"做得多。我还没出去的时候，就跟我负责的应达说，我几月出去，你们有事的话先做完，如果我不在家会请其他人，如果实在没办法，我回来时再做，如果有人病了或去世了，我是一定要回来的。

我师父石玉吓的超度仪式是我们做的最大的仪式，我心理压力太大，因为以前从来没做过，有点担心做不好，这场超度仪式太大了。一般超度送人的仪式比较简单，东巴的超度是很难的，基本晚上没有睡觉的时间。我师父晚上九点离世的，我们一晚上都没睡。东巴在超度的时候要来四五个东巴，两三个跳舞，两三个念经。

超度师父时我有点伤心，以前大小主持都由师父安排，如果人家安排好的话，你就能放宽心地做。自己主持真的有点难，什么都得自己说，什么都得自己去做。我师父的超度仪式杀的牲畜太多了，有 4 头牦牛、三四头牦羊、20 多头猪、20 多头羊。他帮忙做过仪式的亲戚们全部拉来了牲畜，我和杨给苴献给他一头牦牛，石玛宁和杨布里也献一头牦牛，落科村的献一头牦牛，我家里献一头牦牛，太多了，吃不完，有的送村民了，有的烂掉了。当时我们几个商量，不需要这么浪费，现在每家做仪式的时候也不用这么浪费。我们一般杀两三头就行了，一头不杀也不行。到了我父亲的超度仪式时，我就说不用杀那么多了，我父亲那时只有两头牦牛，以前有规定牦牛一头、牦羊一头，过去我父亲帮做仪式的应达都说不行，他们要献一头，我想有这么多就别浪费了，家里那头就没拉了。我父亲是 2016 年去世的，享年 81 岁。当时我已经主持了好几场仪式，超度仪式我也做了两三场。第二年我的母亲也去世了，她病了一年多，没去医院检查过。

这两年我已经有点习惯了家庭责任，人世间反正比我们困难的有，有的家破人亡，即使过得再好总有个坎。我们有个说法，病痛是轮流转的，每家每户都会去的，死人的时候每家每户必须帮的，因为病痛生死是全部人都会有的，不是一两家的事情。

再苦也要把东巴做下去

做东巴给家庭和生活带来了很多压力，没有人支持的话，真的做不了。东巴是真的苦。如果家里有劳力，有支持的人还是可以的，没有支持的人就有点麻烦了。一般都是亲戚支持，有时需要钱就帮找点钱。现在是经济社会，什么都需要钱，我的亲戚都是支持我的，不然的话我们家有点困难。我修房子是蛇年，房子建好后我也病了，父母身体都不好，治病的钱还是向我姐姐、我老婆娘家、我哥哥这些亲戚借的，去年把借的钱都还了。

我2003年结婚，是出去打工的时候父母帮我找的对象，我就同意了。我老婆杨嘎土很支持我做东巴，不会抱怨。其实做东巴的老婆还是有点恼火的，每个东巴的老婆都不容易。我们一年基本上有三四个月是在帮人家，春节这一两个月没有时间做家里的事情，都是我老婆做，有时需要男人帮忙做的活，她也自己做。我们两个现在轮流出去打一年工，今年她出去，明年换我。

做一个东巴压力很大，有自己的家、自己的负担，因为仪式全部都是我们做。人不会没有压力，只是大小不同而已。不管自己有没有事情，有仪式我就要去。有时日子选好了，我感冒了，不去也不成，要自己去做。以前东巴只管做仪式，其他的事情全部是香灯师负责，东巴的助手是固定的。我在村里干的时候，培训阿绍龙当香灯师。现在的人有些不懂规矩，做仪式的时候，他们不懂得安排准备，会有点恼火。

学东巴对我的影响挺大。我们的经书是教育人做好事的，像我们小时候学雷锋一样。我想东巴失传也说不定。在丽江东巴文化研究院时，他们也说不要失传，但说是这样说。有一个布落村的东巴，他说他发动了村民来学东巴，他来收徒弟，但没有人愿意学。因为东巴在经济这方面还是有点困难，现在每个人都想要钱，都想过得好。我打算以后让我的两个儿子阿多吉扎实和阿次仁多吉先去上学，如果他们上学得不到工作，就再问他们愿不愿意学东巴，如果愿意就教给他们。

我会一直做东巴的，我从小就学了东巴，不管在哪里都会做下去，这是我们的一种信仰，你信了就必须信。文化是不能丢的，但有些人是真的不想学，我学到现在已经不烦了，再苦也要做，反正我一辈子都要做下去。如果国家支持东巴的话，东巴文化肯定会传下去。村子里东巴越多越好，全部都学，互相都有照应，就比较轻松，如果只有几个人是不行的。

杨玛佐，1983年生人。成丁礼后，在四伯杨公塔和家人的支持下跟随杨多吉扎实学东巴，是油米村杨氏家族东巴传承人。2001年成婚，2004—2008年外出打工，返村后专心学习东巴经书与各种仪式。

杨玛佐东巴

采录整理　赵天宇　孙庆忠
访谈地点　宁蒗县拉伯乡加泽村委会油米村53号

① 祭山神前，
杨玛佐东巴用桑树枝和线编制"阔卡子"，
在祭礼仪式中代表祭死鬼的祭树
② 杨玛佐东巴

经文汉译：

今早出太阳，天上现吉星，地上
暖阳照。有威力者的吉星到来了，
牧人的吉星到来了，胜利者的吉
星到来了，九十个牧人准备祭祀
畜神的星到了，七十个庄稼汉准
备祭祀谷神的星到了，要生育的
人准备祭祀的华神的星到来了，
猎人准备进山的星到来了，渔者
准备下塘捕鱼的星到来了，牧羊
人准备上高山的星到来了，大鹏
鸟下多余蛋的星到来了，深谷里
的黄野猪准备长多余獠牙的星到
来了，吉年吉日吉时到来了。

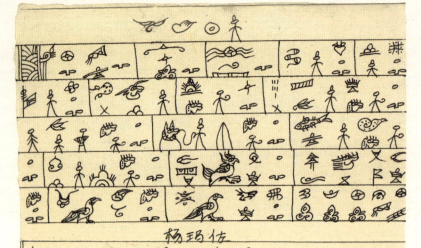

杨玛佐

今早出太阳，天上现吉星，地上暖阳照。有威力者的吉星到来了，
牧人的吉星到来了，胜利者的吉星到来了，九十个牧人准备祭祀畜神
的星到了，七十个庄稼汉准备祭祀谷神的星到了，要生育的人准备
祭祀华神的星到了，猎人准备进山的星到来了，渔者准备下塘捕
鱼的星到来了，牧羊人准备上高山的星到来了，大鹏鸟下多余蛋的
星到来了，深谷里的黄野猪准备长多余獠牙的星到来了，吉年吉
日吉时到来了。

四伯引领我走上东巴之路

小时候，我没有一定要成为东巴的想法。老一辈心里面有自己的想法，哪个人适合做什么，基本上都选好了一样。我们这一代人里，虽然数我年龄小，但老人们经过商量，还是决定让我学东巴。所以学东巴一开始并不是一个自主的选择。

我 13 岁成丁礼以后，虽然还在读书，但是四伯杨公塔就催促着我学东巴，他教我烧天香的经书。其实我四伯是先让我大哥杨博布学《烧香经》，但是我大哥不学，四伯有些担心无人继承就让我二哥杨嘎土佐学，再之后才是我。在他们的思想里，家里至少要有一个人懂得祭祖这本经书。他们最怕的就是后继无人，担心他们去世以后，没有后代来祭奠他们、祭奠先祖。

那时我放学回来之后，他就拿着经书念给我听。我四伯每天早上一起来都会烧香。用热水煮好第一碗茶，茶煮好了以后，他就要开始祭我们的祖先、敬逝去的老人。为了让我学这个，他会放宽对我的约束，我做什么都行，连农活都不需要我干了。家里的农活四伯都会让大哥去干，我能学好这个就行了。烧天香的仪式，我四伯和父亲经常做，我每天都在听，所以后来基本上就不用再学了。他们每天早上会做一次，过年的时候就更多了。现在的烧天香仪式都有些省略了。当时我四伯每天早上做烧天香的仪式，对应的那本经书他都会整本念完，而且整本经书都在脑子里面，让他们去看经书，他们反而不懂。

四伯每天都会念经，不会有任何省略。那时我基本上天天在家，我每天听着四伯和父亲念《烧香经》，因此后来正式学这本经书的时候，我没有下太多功夫，觉得有点好学。这也是我在刚开始学东巴的时候感觉比较轻松的原因。当时我基本上把经文里讲的理一下，然后去经书里看一下字就会了。我大伯家的大哥杨多吉扎实跟我讲过，学东巴确实需要天资，需要福分，有的人怎么教也学不会。教 10 遍学不会的也有，有些人教一两遍，他就能读通了。

我那时候不懂事，心里面总是想着：做东巴受人尊敬，而且家里也会放宽我，什么也都不用我管了，所以也更加喜欢学东巴。我记得四伯当时很正式地跟我讲："你一样都不用管，只要把东巴学好就行。人一生只要学好一样就行。"那时候村子里的孩子小学一毕业，就想出去打工，打工之后就不会想着去学这个东西了，长辈们就怕这个，任他们在外面多走几年可能就更不会想学东巴了，所以四伯就盯着我，一定要我学这个。就是 13 岁那年夏天的一个晚上，吃完饭 9 点钟左右，我们一家人挤在一个屋子里，大哥、二哥都在外地，我四伯正式提出让我学东巴，我对他说我现在还不想学，以后再学吧，之后拖了三四年我才去拜的师。

那时候和村里的同龄人比，我长得比较高，身体底子比较好，劳动的时候很能干，当时也有出去打工的想法。四伯最担心我出去，所以我一说想出去做点什么，他就会骂我父亲和我大哥，"不能让他出去，让他在家里，就算天天睡着也行"。四伯是坚决不让我出去的。

家里的老人都会讲，一旦开始学东巴，就再也不能三心二意了。一旦学就要学好。不管在哪里念经书，只要念错了都会受到惩罚。抄写经书也一样，如果乱抄或者抄错了也会受到惩罚。以前我父亲跟我四伯讲，如果抄错了经书，人老了就会瞎掉。这就是一种报应、谴责。同时，学东巴之后，在生活里就会有一定的忌讳。比如家里在吃饭、喝茶上一定会让我先吃，吃剩的东西绝对不会让我吃。当时家里人会嫌我在家比较懒，不去干活，还贪玩。我父母就会说我两句："你不去干活去哪里了？"四伯就会骂我父母："你们把他骂走了怎么办？一个人都不在身边了怎么办？"

我觉得四伯是最信仰我们文化的一个人了。我做东巴，一开始的时候他们是不请我的，都是去请我师父杨多吉扎实，他就分派我去做。当我被送回家的时候，四伯是最高兴的。他会满脸笑容，还会把我出去做仪式的事情和他经常聊天的人分享。其中和我四伯走得最近的一个人，叫阿泽拉。他经常会来找四伯聊天，聊一些我们这儿的故事，一起吹吹牛。四伯和父亲去世之后，他就很少来我们家了。

四伯对我学东巴这件事相当重视。我觉得如果不好好学的话，就会浪费他的一片苦心，这份深情也让我更有兴趣继续学东巴。可以说，家里的支持让我在学东巴的路上更加坚定，我觉得这个原因相当大。如果没有他们这样的思想，现在的年轻人基本都会出去。现在问年轻人学东巴这件事，他们会认为没事找事，干吗一天天都困在村里。确实，做东巴不得不被"困"在村里，因为要去各家帮忙做仪式，所以经常外出是不行的。

除了父母和四伯，大哥和二哥也对我格外重视。二哥是最重视我的，他现在也没安家，日子也过得比较苦，但是他挣的钱会寄回来一些给我。家里面需要什么都是他寄回来，他让我专心学做东巴，说家里其他经济方面的事我不用管。我们这边以前学东巴的比我年纪大的也有好些。他们中的有些人就没有这样的支持，必须自己跑出去挣钱，这样的话他就顾不上再学东巴了。由于不经常在村子里，仪式不常做，所以学起来也会比较吃力。在学东巴上，我的家人提供给我各种各样的条件支持我做下去。

我真的非常想念我的四伯。他是 1939 年生人，属兔，2016 年 77 岁去世，一生也没有安家，一直在我父亲旁边抚养我们长大。他擅长做农活，晚年的时候还经常放羊。我家的羊和我大哥家的羊都由我四伯来放。我觉得四伯的心胸比一般的人宽广得多。一般人把自己家的羊放好，不会去管别人的羊，而我四伯会去帮别人照看，只要能放的他都会一起去放，一直到 75 岁还在放羊。

随着我学东巴、做东巴的不断进步，四伯在晚年是很高兴的。我师父也会跟四伯开玩笑，他说学了东巴之后有酒也有肉。东巴最不缺的就是酒和肉，上哪里帮忙都会有酒和肉。我对他点点滴滴都忘不了，点点恩情都忘不了。但是我没有办法去形容他这个人，我只是觉得比起我父亲，他对我的重视程度还要更大。可以说他对我比对亲儿子还要亲。

我感觉我要出事的时候、生气的时候都会梦见他。我觉得他是预知到会出事，所以托梦来告诉我了，在梦里感觉他比我还紧张。因此一梦见他我就得小心了，很可能就会发生不如意的事。我只要梦到四伯，不超过三天就会有征兆出现。印象里比较深的是，去年的时候，我两次梦到他在家里，就是要带我爸爸走。他俩从甲区路那边上去，他和我说让我回去，他要带我爸爸去什么地方。这件事情发生一年左右，我爸爸就真的去世了。四伯去世后的一段时间，我还经常会梦到他在家里烧香。

四伯去世后，他的超度仪式是我和我师父一起做的。我感觉送自己的亲人的时候特别艰难，中间闲下来的时候就更难过了。在做法事的时候，没时间去想他。在超度他的时候，念到其中一本经书时还是有些难过的，那本经书就是讲一个老人一生做了什么样的事。念那本经书的时候真的感到有点心痛，会想到他生前跟我在一起的时刻，也会感到遗憾，他如果能够再多活几年该有多好，时代越来越好了。我妻子对我四伯比对她亲生父亲还要好，我们这几家人还有石家的，对我四伯都非常孝敬。每家有什么吃的都会把他叫去吃。节日里是这样，平时也一样。自己家杀了鸡都会请我四伯过去吃。

我在送他感到心痛的时候，作为一个东巴我也一样会流泪，无法控制。我想控制，但还是会掉泪。这时候就会想起自己从小到大和他的一些往事。他对我怎么好，好像发生在眼前一样，其中有件记忆特别深刻的事：四伯去世这一年的冬月二十一那天，我去拉伯乡帮我师弟和玉志建房子。四伯头一年就跟我讲过，明年的杀猪节，他会死，那个时候就叫我注意，但是当时他一点病也没有，能走，什么都能做。那天他就说让我留在家里，过年了，不用去了。我说帮做几天就回来了，他特别嘱咐我吃了早饭再走。那时候我有个习惯很不好，每当要出门就很慌，起来不吃饭就走，也不喜欢吃早饭。他嘱咐我就是怕我外出会饿。他说你以后再外出的时候一定要把饭吃饱再走。他留给我的最后一句话就是这句话了。然后他二十三那天就不在了。

当我在拉伯乡听说四伯去世了的时候，我顿时感觉天塌了一般，太残酷了，听到那个消息的时候真的太惨了。我现在想起来还很难过。我那天早上说得最错的一句话就是和他说："今年杀猪的时候你没死，那你就绝对不会死了。"我一开始准备在那里待五天，二十七就可以回来。然后那天我和宝荣（杨多吉扎实东巴的长子）正在干活的时候，接到了电话，说他应该是脑出血，因为那时他喝酒喝得比较多。我师父说只10来分钟人就不在了。我和宝荣听到这个消息就借了一辆摩托车赶回来。路上我师父又打电话说，人已经不在了，你们也不用太慌了，慢慢来。然后我和宝荣就去永宁买安葬的用品，第二天才回来的。做法事一事，我觉得我们家的老人是有先知的。我一个小叔也曾经跟我讲过，说他下一年七月十三会死，结果到下一年七月十二的那天晚上他死了。他们两个说得都相当地准。我四伯是推了十几天。冬月初八杀猪，他活到了冬月二十三。我爸爸在去世之前把去世后的这些法事都安排得差不多了。我四伯的法事没有安排过，他说不用做什么法事，你们能做什么做什么就行了。

以前家里烧天香的都是我四伯和我父亲。现在他们去世了，我才慢慢感到压力有点大。那时候真的不用管什么，我做完仪式回来，也不用帮家里烧香，敬一下神就可以了，不用每天都在那里念。现在所有的事都要自己来处理了。

我父亲叫杨独吉品初，他没有在家里过世，而是在宁蒗的县医院过世的。我一直觉得这是心头之痛，我真的不服气。我们民族是很讲究的，不管老人得了什么病，都要好好把他服侍好，让他在祖屋的神堂旁边上路。我父亲就不是了，他最后这三年，每年都要外出看病，感觉不舒服，我就会带他出去看病。每年都要十多天。

在外面，医药费都是二哥出的，不是我出的。我那几个哥哥在单位上班，他们都有钱，我父亲外出看病他们都会给钱。我只是带一下他、服侍一下他。当时病医得差不多了，医生也说好了，而后那天大概 11 点半突然之间开始发病，12 点就去世了。我和那个主治医生说，有没有办法延长 8 个小时，保证他的气不断，他说那不可能，他们连延长 1 个小时都没有办法。当时我的想法是他病再重，我还是要把他拉回来，在家里面过世，在神堂面前过世，但真的是没办法，最后父亲还是在医院过世了。

我这个做儿子的没有尽到位，我本来带他出去看病，是想着他能再多活几年。最后真的变成了一种犯罪，还是一个大罪。不带他出去看病的话，就不会有这个事情。我让他睡在家里，找点药给他吃，至少也不会死在外面。这个事情确实有点搞大了，今生最大的错误就是把他带出去了。我没有犯过别的大错，对父母也好，对家人也好，从来没有抵触过长辈，基本上都是他们说什么我就做什么。父亲也没有想到他会死在外面，因为之前的几年我们带他出去，医好了，回来后他很高兴。他有些哮喘，每次生病就会咳嗽。当时在医院里面待了8天，第六天其实已经差不多了，不咳嗽也不喘气了，像正常人一样。我们应该在那天就回来，这点算是我二哥的错，二哥想让父亲在医院再疗养一段时间，希望最好以后也不发病了。

爸爸离开，家里也做了超度仪式，把他在那边火化之后的骨灰拿回来，在骨灰上做仪式。我们有专门迎接骨灰的经书，是一种招魂仪式。父亲和四伯的超度仪式上，我的感觉是很不同的，我超度我父亲的时候，我感觉有点不服气。他没有死在家里，死在了外面，我一直都感觉很不服。对四伯就没有这种遗憾，他辈分很大，亲人很多，给他送酒的人也很多，而且四伯基本不生病，也没怎么医过病。

在遗憾中，父亲就这样离开了我，离开了尘世。

我成婚是在2001年，那时还小，才17岁。我母亲和我妻子是一个地方的，也是一个姓氏、一个家族的人。最早的时候，家里人在村里面给我物色，我们最讲究般配，主要是辈分。我家辈分大，在这个村里面跟我同辈的女人很少，基本没有，我母亲就去看了她们村的，知道有这样一个人，就去找我这个媳妇了，请人算了一下，然后就去提亲。头一次是我父亲去的，我们以前是父亲去提亲，自己不用去，只要父亲去跟他们家的老人商量好以后，就可以结婚了。我之前见过她，我读书一直在那边，待了三年。

我那时候想，她要对我母亲、对老人好就行了，他们能够满意就好。老人渐渐老了，那时候有个特别的情况，我大哥只有三个女儿，老人就一直有点担心家里没有男丁了，所以他们就催我结婚，不然就后继无人了。订婚的时候我也不在家，在稻城。我大哥在那边打工，他回来过年了，我就顶他的班。不到一年，我就结婚了。

结婚后我很少和妻子谈关于我东巴身份这件事，我们谈的事主要是家里面的事情，别的事没谈过。我做东巴她也是相当支持的，她不会说什么，家里面农活比较多，我没时间天天去，就跟着师父去跑，她只能苦着做下去。刚才我说了我四伯也相当支持我，然后我父母、我妻子也是从来都没有反对过，我只要去做仪式、去帮人家，哪个都不会说什么。对我们这个民族来说，东巴好像有点高贵的感觉。我在这上面越做越好，她也高兴嘛。她心里面好像是这样想的，也没有什么大的怨言，她引以为荣，不会多说什么。

结婚之后，前几年一直没有小孩，家里很担心，想着让我们出去打工的同时也找找原因，看看病。2004—2008年，将近4年的时间，我们在外一起打工。先是到丽江，再到昆明，昆明只待了一个月，然后去过石家庄，去过济南，之后就回来了。这4年间主要是做体力活，做大理石加工。

在外打工的4年，第一年真的是一点成绩都没有，在丽江挣一点钱，就去看病，也查不出来什么，将近半年的时间就浪费了。之后去昆明做了一个月，也去医院里看了，没有结果，当时没找到适合我们的工作，媳妇在饭店打了一个月的工。后来我们觉得河北好，我表哥在河北那边，他说他们那边缺人手，介绍我们去加工大理石。他说挺挣钱，我们就去学，那时候是计件工资，两个人一天可以挣100多块钱，工资可以说很高了。

在河北没去找医院，只是挣钱。挣了钱以后我们又去山东济南，在那边认识了一个大理石加工厂老板，叫陈万。经他介绍，有个医院专门给没小孩的夫妇看病，他说他们村里医好了好几个，所以我们就去那边医治了。医疗的时间大概是一年，我们边打工边看病，他们会给开药，一两个月回去查一下。后来医生说病好了，当时我们两个其实还想再待一年，但是家里一听说病好了，就坚决让我们回家。那时候我岳母每隔一个月左右都会跑好远的路去打一次电话，我父母也是一样，一直催我们回来。

2008年回到家里，之后我们还请我杨多吉扎实大哥做求子的仪式，那个仪式做了两次以后媳妇就怀孕了。家里人都很高兴，他们都觉得这是东巴赐予的，而且还是个男孩，他们就更高兴了，那时候我们村里生小孩基本在家里生，没有出去生的，但是我父母、四伯、岳父母都叫我们去医院里生，当时有些安全意识了，又觉得这个孩子特别难得，给我们准备了一些钱，所以我们在宁蒗县医院里住了好长时间才回来。那时候是要走路的，要从村子走到村委会那里才能坐车，现在有了公路还要15公里，当时路程要更远一些。我觉得我是有点幸运的，福气有点好，没有挣过多少钱，但是需要用钱的时候大家都会帮助我。

在外打工这4年，我心里还惦记着东巴这件事，但是没有想过能学到今天这个境界，那时候只想到学烧天香和祭祖，四伯当时的愿望也是这样，把烧天香和祭祖的仪式学好就行了，没有想到过把这些全部学完。在外打工，赶上每月初一、每年过年这种好日子，自己就躲着人家，面向东方、面向太阳去烧一根（香），在烧天香、诵读东巴经的那一刻，我感觉家乡越来越近了。其他人不知道东巴，也不知道我在学这个，那时候外界对东巴是不了解的。祭祖这件事我在外面是不用做的，父亲和四伯在家里做。

在外这几年，我也经常想到我四伯，想念家里人。外面再好，我也从来没打算过在外面定居。我们这个民族本来就是这样，父辈们代代都在这里生存，家里如果不做祭祖，不能传承的话，村里面的老人是会嘲笑的，会相当看不起你们家。现在老人基本走完了，只有几个老人了，以前老人们是相当重视这个的，祭祖这种仪式村里的杨家、阿家、石家是会比着做的，正是这样，这个传统到今天才没丢。

那时候在我们这个地方真的挣不到什么钱，外面可以挣钱，就会觉得外面好，但是好来好去，在我的思想里，家里的老人是不能抛下的。老人把儿女抚养长大，儿女在外面挣了钱就对他们不管不顾的，在我看来这种事是绝对不行的，外面再好，我也坚持要回来，要把老人身边的事做好。我们家里有三位老人，我最怕的就是老人们心里不高兴，思想上受到打击，这种观念始终都没有改变过。经济的理念我这人一直都没有过，不知道为什么，人家都喜欢说今天挣了多少钱，明天要花多少钱，一直都是有这种思想的，我从来没想过钱这个事。

我们是 2008 年 9 月回来的，那一年 8 月 8 日是奥运会开幕，我记得是过了一个月之后回来的，可能都快到 10 月了。那年火车上相当挤，我们回来的时候，可以从南昌回来，当时攀枝花的铁路断了，又转去郑州，后来又转到重庆，那次归乡最麻烦了，重庆也不行，又转到昆明，那次路是相当绕的一次。

学东巴后从未打过退堂鼓

我回来之后这 10 年就没有再出去，也就开始正式学东巴了，四伯也一直督促我学东巴这件事。只要我在家，他就会让我去抄经书。我抄经书一直抄得有点不好，他说抄不好也没事，去抄就行。

杨多吉扎实大哥对我的影响很大。在村里村外，他的为人都很好。他说一不二，不管做什么事情都是那样。这个地方的人都说，他像铁面无私的包青天一样，所以我也想学一下他的为人。老人们则希望我学东巴，这件事不能断掉，不能后继无人。我跟我师父学东巴，对我来说太幸运了，我真的是一个相当幸运的人。只要我想学，他就把经书拿给我，叫我自己抄。刚开始的时候我家里面连抄经书的纸都没有。现在把当时抄的经书拿出来看的话，要笑死人了。纸也是大哥给我的，当时他有纸，那个纸有点短。他就先拿一张纸给我，叫我自己去学，试着去学抄经书。那时候我还不太懂事，抄了经书之后也不去学，以为抄了就完事了。

最初几年，就是我刚回来的时候，没有好好跟师父学。2010 年我儿子出生之后，我边抄经书，师父也教我念经书。哪里不会，他就会指点我怎么念。每次他去哪里我就在哪里，初学的时候只是听，他把本子放在前面念经书，我就坐在他旁边看着听。除此之外，他当时还教给我一些做仪式前的准备工作，主要是削木块。仪式里用到的木块，都要在仪式前做好。他教我做木牌，还有找树枝，这些都要先学会。找哪一种树枝，树枝应该做成什么样，在每个仪式里面用到的都不一样，这些他都会教我。教会我之后，我来做好，第二天他在仪式中就用到。后来我还跟他学做面偶，面偶是在第二天仪式中才用到的。神堂里的面偶一直是他自己做，送给鬼的这部分面偶则交由我们来做。他做一个面偶的样本放在我们面前，我们就比照着这个标准来做。就这样做来做去，慢慢就会了。这个工作做完他就要开始念经了，我就坐在他旁边听。第一个仪式里听他念完之后，在第二个仪式里他就要让我尝试着念，听不明白的就要回去赶紧问他，应该是一个什么念法，他就教我怎么念。就这样边念边学，慢慢就学出来了。不是有一天我和他特地坐下来去学这个经，最多就是晚上的时候，自己不会读的经书就跑过去找杨多吉扎实大哥，让他教我怎么念。我们两家离得本来就近，而且我们又是两弟兄，所以他也照顾我。学经书一直都是这样的，他很支持我。我就是在跟着他做仪式的过程里慢慢学会了这些经书。后来就开始慢慢地做仪式，我能做什么仪式，他就让我去做什么仪式。先是做"小祭风"仪式。祭风仪式有三种："大祭风""中祭风""小祭风"。一开始让我做的是最小的仪式，和放生有关的。那个先学会做，之后是"小祭风"仪式。"小祭风"学了之后，他觉得我差不多了，就可以开始做"大祭风"了。

在学东巴这条路上，我从来没有打过退堂鼓，一直都是今天学了什么，不会的就明天再去学，我的想法一直都是这样，跟着我师父一天，如果什么都学不到的话，我就算白去了。

师父在我心里如同神一般

我师父有三个徒弟，大徒弟是阿公塔，二徒弟是我，三徒弟是和玉志。听我师父说，阿公塔的父亲阿次儿交代过他，等阿次儿不在了，阿公塔直接来跟他学。我是这样的，我四伯叫我去学东巴，我四伯跟他说了一下，没有搞拜师仪式就先去学了，前年才去降威灵神的。一开始学的时候没有固定仪式，只要他同意了，他就把经书拿给我们，开始教我们。和玉志好像也是他一个爷爷托付给我师父的，以前我们也不认识，他是我舅舅家那边的，是我妻子的大哥，在拉伯乡做上门女婿。拉伯乡的人知道我们这边有东巴，他老岳父就把他送来这边学东巴，拉伯乡的东巴好像在"文革"之后就断掉了。

降威灵、学神舞是前年（2017年）我们才学的。之前没学过舞蹈，那次主要是教舞蹈。降威灵神的经书以前已经学过了，东巴一旦做法事就要降威灵神，一般每个舞都要降威灵神的。舞蹈的类别太多了：有飞的，展翅的这种就有5种舞蹈要学；像老虎这种有爪的，也是学5种；还有有蹄子的，也学5种；别的跳的基本都是神的舞蹈，跳神舞是5个方位有5个神，还有5个战神的战神舞。

当时是农历四月，一天吃过早饭我们就出发了，一个人带着一只公鸡去，把那只公鸡杀了，然后把威灵神降下来。日期不是去的前一天定的，而是前一段时间就定好的，我们几个都跟我师父说了以后就商量好了。其实以前我们就想学了，但我师父一直没空教，有的时候他有空我们又没空，我们几个时间也集中不来，不然的话我们可能早学了。我们去的那个地方是丛林里的一块平地，不远，走路半个小时左右就到了。听说以前的东巴都是在那里学的舞蹈，包括我大哥也是在那里学的。

到了那里，师父首先叫我们烧香，然后就降威灵神，之后他教我们一个舞蹈怎么个跳法。他按照舞谱讲完一遍以后，就展示一次，哪样舞是怎么跳的，展示一次以后我们就学着他跳，他在那里坐着看。这个舞蹈最重要的是意念，比如在跳一个老鹰的舞，要想的是这个老鹰究竟在做什么，要想到这个，做动作的时候，意念中就要有这个东西。不管哪种舞都是这样，反正有个比对的面，比如镇压就是镇压，准备跳这个舞的时候，心中就要想到是在镇压一个鬼。可以说没有感觉是跳不下去的，像舞台表演一样那是不行的。学的时候就是如此，一开始跳舞就要降威灵神，就要镇压鬼了。安葬老人的时候，照《神路图》里送的时候也是一样，一层一层地送，每一层有一种舞，每一种舞都是在压不同的鬼。比如老鹰，要看老鹰能够降伏哪个鬼，所以当去做某个动作的时候，一定是那个鬼就在那边，这样动作才能做到位，然后去做另一个动作的时候，就意味着这个鬼要反抗，要去制伏他才有了这个动作。我和师父平常有空的时候经常交流，舞怎样跳他曾经跟我说过，不然的话一天是记不了全部的，跳的时候也不一样，在哪个场合跳什么舞，都是有规定的，动作也都不一样。意念也是一样，是师父教，然后自己来体悟，成为自己的东西。

其实我早就盼着这一天了，送葬老人的超度仪式都要跳舞，如果不学会这个，送葬老人的时候就只能念念经。那一天一直到太阳下山了我们才回来。上山的时候我觉得这个不会太难吧，应该一学就会了。等学着学着，发现这不是简单的东西，一会儿就全部乱了。书里面那个舞谱是可以看到的，但是舞谱是画的，跳什么就画着什么东西，没有基本动作。所以我就觉得有点难了，回来之后那天晚上我又去找师父问，他说一天记不下来很正常。慢慢地我们两个在一起交流的时候，不会什么就去问他，他就教我们，这样就学会了。那天下山的时候我觉得自己浑身都有力量了。没有威力，我们就跳不下去，步伐和动作都要和想的吻合，才能跳下去。

在我看来学威灵舞的地点也有特殊意义，我觉得师父的想法是这样，以前那个地方学出来的人都长寿，之后也会比较顺。我们这个民族最讲究的，就是你在哪里做什么顺不顺。做仪式和结婚等人生大事，都要算是不是相合，属相相合、八字相合才可以。我师父他们讲，以前我们村的烧人坪，就是火化的地方，不是现在这个地方，是在下面一个地方，在那个地方烧人。我们这里人不长寿，之后就去算了，算好以后，就搬上来，自从用了这个火化场，听说油米村的人就长寿了。虽然是一块平地，但是它不一般。哪个地方做什么都是有点讲究的，送葬老人也是，送葬地点也有讲究。在哪个地方做的时候出现了什么问题，顺不顺都要看。

这一天对我来说是最关键的一天了。我感觉很沉重，特别累，注意力一直集中，我觉得有点疲劳。精神上的累那天是没有的，精神上的累是我在送葬老人的时候有的。我第一次送葬老人，是我师父叫我主持的。我二伯母去世了，在安葬老人、超度老人的时候，这种感觉就有了。感觉是跟神、鬼打交道的，鬼如果不压倒的话，就不能把这个人的灵送到天堂也就是祖居地去。

我第一次主持超度仪式是在 2014 年，给二伯母松诺独玛超度。主持这个仪式对我的冲击挺大，让我很难忘。当时我压力相当大，怕做不好，把老人安葬了，如果没有好好送归位就有罪了。其实师父一直跟我在一起，我们两个来超度，但是我自己的内心压力真的大。以前我只是做别的仪式，超度仪式没有做过，但是师父已经想好了，就是在这么一个场合下让我开始去超度人，这是我师父自己掌握的。一旦死人，我们就选好哪两个人主持，哪个做大东巴，哪个做第二个东巴，别的都是帮手。

二伯母的超度仪式师父要我主持。那时候我还没学那个舞，头一天我才问师父是怎么个跳法，压力相当大。他教我三样舞，能展翅的一样，有爪子的一样，有蹄的一样，主要还是他跳，只是叫我去主持。这几年我和师父一起做了不少超度仪式的主持，我二伯母、爸爸、四伯、岳父、大伯母，这几年就是这5 个。我师父和我轮流做主祭东巴，他主持一个，我主持一个。每一次主持完之后，我感觉在经书方面和跳舞的知识方面都有长进。有些经书几个东巴一起念，经书太多了，学是学过一次，但是有时候忘记了，重复使用的时候，又会想起来，不会的可以去问别人。

我在跟师父学东巴以后，最难忘的事就是他教导人，不管是他在学经书的时候教导人，还是平常教导人，听他教导以后的人就像变了一个人一样。经过他的教导以后，就不敢去做歪门邪道的事情。那些用于占卜的羊膀骨，他会用事实来给我们验证占卜的结果。他给我们验证过的，听了以后就更证实了他说的每一句话都是事实。我觉得我师父就是一个实事求是的人，跟他学东巴他就是在教我们去实实在在地做人。实实在在做人对家族也好，对得起我四伯曾经对我的一片苦心。我就觉得以后我也会好好地学东巴经书，体味做人的方法。他也会教导我们如何说话，包括说话的语气。他和我们说："一个人一生下来，活在世上就有自己的使命，你必须做到自己的使命。"我觉得使命就是任务，生下来就有任务要完成，有些事你必须做，不做不行，这个是使命。他说："这是历史的使命，像我们做了东巴，整个家族的使命，我们都要肩负起来一样。"我觉得真的要肩负，对整个家族要负责，不管做什么仪式也好，超度老人也好，都是自己的使命，还有家族的人，在日常生活里他们做得不对的地方也要去说服他们。

在做人的原则方面，师父立场相当坚定。我师父说一不二，做得不好，他马上就会说你做得不好，当面跟你说，不会在表面上说你好。他是有一就说一，有二就说二，一直都是这样。像我们三个一起学东巴也是一样，你不对的地方他就说不对，哪里做错什么了，他就会责问为什么做得不对。

我觉得师父在我们心里可以说像神一样，他所说的事都是真实的，太真实了。他说做人不能撒谎，不能去骗人，撒谎、骗人是我们最忌讳的，绝对不能做。他最恨的就是偷，绝不会让你去参与偷窃，还有搞破坏这一类事情他也不会做。实际上，他不会让我们家的任何一个人去搞这些。

以前我是一个有点急躁的人。跟师父学了以后我就变了，变化很大。在做仪式和念经中慢慢变得有点宽心了。以前说今天做这个，做就做，不做就不做，不会考虑后果。现在不是了，怎样做才好，能做不能做，怎么做才能把这件事情做得更完美，可以说方方面面我都受到了教育。我师父给我讲过，我这两个儿女是好好学了东巴以后才得到的，他说来之不易。我个人是和东巴有缘、有福分的。师父一直都不离不弃地教我们，我觉得我一定要在他身体好的时候争分夺秒学好东巴。我觉得一代人里像我师父这样的能人是没有几个的。有些时候几代都不会出生一个能人，所以必须珍惜缘分！

我们不会是最后一代东巴

回顾人生的 35 年，我的感受是一个"悲"字，我想到这几年的灾难，老人接二连三地走了，他们离去，让我觉得生老病死真的是一件没办法的事，我无法抗拒死亡，那时候我觉得心里面就有悲的这种感觉。

老人活了这么久，永远地离开了我们，实在是一件太悲痛的事。老人走后，我的家庭压力就有点大了，就像以前在家里四伯叫我不用管一样，一样都不用管，但他们走了我就必须管了。我当时就想，我学了东巴以后能不能让老人长寿一些。他们叫我去学，我也学了，学了以后，我感到特别幸运，因为我哥对我特别好，我家里人也特别照顾我，这个身份也特别眷顾我，但在面对老人离去的时候，我就觉得悲了，他们死去的时候我没办法留住他们，只能顺其自然，他走只能让他走，自己该做的事也不能扔下，只能去考虑自己以后该做什么事情。

以前老人们总是希望我把东巴做好，我学得差不多，他们又走了，没时间陪我了。我当时想做东巴是挺好的，但是面对亲人的离去，留也留不住，真是没办法。我坐在爸爸旁边这样叫着他，他一点反应都没有，那时候我就真的觉得有点悲了，我想这个学了也没用，亲人还是会离去的。我父亲的离世尤为让我感到悲，因为他没有在家里过世。

但是，我明白，我这辈子就这样了，怎么学就怎么做下去，我一生就只能这样做下去，不会遗弃，不会扔下，好好地把东巴做下去、传承下去。想到这里，我的精神状态始终是很充实的。我从来都没想过去挣钱，我只想把我这个东巴做好就行。师父教我什么，我就学习什么，我不会的就去问，我只是想这个。所以做东巴的心情是很平静的。

亲自把老人安葬，我觉得这是自己的使命。四伯他们叫我去学东巴，学了以后，他们去世的时候我能把他们送上天堂去，又一样任务完成了。后面慢慢想起来，我觉得自己算是完成了他们的心愿。

东巴文化会消失吗？去年在玉水寨那边有个法会，我们也在讨论这个问题，都有一种危机感。但我们不会是最后一代东巴，绝对不会！这个事我已经想过了，现在时代一天比一天好了，像我师父说的，以前"文革"的时候经书被烧了，他什么都没有，但是它又恢复了，经过了那么大的磨难，它也没消失，而是复生了。对我们这个民族来说，我们从小就生长在这个地方，仪式一直在做，不管哪一代都不敢藐视它、忽视它，我觉得不敢，内心里面就不敢。现在我和泽礼学了东巴以后，如果我们的儿子不学的话，我们两个必须在家族里选两个能做这个的，要传给他们。

我始终感觉我们肩负着一种将家族的或者叫民族的东巴文化传下去的使命，现在孩子们去读书，大学毕业了回来也可以学东巴。本来你就是本民族的人，你不学谁去学？你不做，谁又会来帮你完成这个任务呢？我希望下一代孩子们长大后能这样想，如果他们不学的话，只能从整个家族里面去挑选了。反正我对未来能看到希望，我觉得还会好的，东巴文化不会灭亡。一个东巴就是一个家族和一个民族的顶梁柱。东巴什么仪式都要去做，跟自然神要打交道，我觉得这有点深刻的意义。

我选择了这条路，如果不坚持的话，就对不起老祖宗，就会多灾多难。当我走上这条路的时候，就没有回头路了。老人说过，学东巴你学到半途而废不做的话，你就会废掉这一生。我们民族不能没有东巴，最直接的是东巴要超度老人，老人过世都需要东巴去超度。没有人学东巴我们这个民族就完了。东巴就像灵魂一样，如果真的没有东巴，东巴文化真的就完了！

东巴是有请必帮，只要来请你，你必须去帮，否则你就没有尽职，没有敬神，神就会生气的，所以学了东巴，再也不能为自己想了。如果你为了自己的利益，东巴是永远学不成的。一旦走上了东巴这条路，一个家族和民族的责任就死死地压在了你的头上，你是永远别想着找退路的。我的心里是这样想的，如果你为了经济跑出去，东巴是学不完也学不好的。还有一个方面，你去帮人，去争报酬，没报酬你就不去，或者报酬要得太高，人家也做不起。在村里，如果仪式不做了，东巴就等于灭亡了。你天天要报酬，跑到钱上去了，和东巴的精神是不符的。东巴的经书里面对金钱没有多大的重视，所有的事都是互换的，没有提到过用金钱来衡量什么。

经书里也讲，东巴要让苦难离我们远一点，就像做消灾仪式一样，用木人，用泥质的面偶，都是叫它替在世的人，替这家的主人去顶他们的罪，好让现实里的人过得安稳。所以学东巴是服务于自己家族的，也确实肩负着传承文化的使命。

杨泽礼，1986 年生人。成长于东巴世家，对东巴经文和仪式耳濡目染，博闻强识。他跟随父亲杨多吉扎实学习东巴，擅长木工雕刻、绘画，是油米村最年轻的东巴。

杨泽礼东巴

采录整理　李管奇　宋鑫

访谈地点　宁蒗县拉伯乡加泽村委会油米村 60 号

① 杨多吉扎实东巴在向杨泽礼东巴讲授经书

经文汉译：

养儿育女，积财聚富，如白云翻
滚，高山白雪。养有十子，便有
十个村庄生气勃勃；育有十女，
亦有十片土地欣欣向荣。

我叫杨泽礼，1986 年生人，属虎。我的摩梭名字是本玛泽里，这个名字是我父亲的外公（也就是我的曾外祖父）石生根独吉给我起的。父亲和曾外祖父都是东巴，他们为我主持起名仪式。听我父亲说，在给我做起名仪式的前一天，他们已经商量出我的名字。第二天早上做招魂仪式，曾外祖父突然喊出我现在这个名字，于是我就被临时改了名字。我的爷爷叫本玛次尔，他去世得早，父亲说曾外祖父那个时候可能想念我爷爷了。

我们东巴文化能够推算人的生命历程。我们东、南、西、北四个方位，每个方位对应两个属相，东南、东北、西南、西北四个方位，每个方位对应一个属相。无论男女，每个人都从 1 岁起算，女人从北方逆时针轮转，男人从南方顺时针轮转。照这样算起来，我母亲 36 岁生下我，那一年她把我带到了西南这个方位，这个方位出生的人的名字里一般都有"玛"这个字。

依照这样的算法，摩梭人的女孩子在成丁这一年会走到与她命运相冲的方位"南"，这一年便忌讳参加红事，比如婚礼；摩梭人的男孩子在成丁这一年会走到与他命运相冲的方位"北"，这一年便忌讳参加白事，比如葬礼。关于我们的成丁礼，这样的讲究还有很多。因为我属虎，长辈一般会送我红色的礼物，这跟我的属相、生辰八字相合。我姐夫属马，他的属相与我相合，成丁礼仪式这天就由他来给我穿裤子。早上敬过水龙王，去给长辈磕头，他们在我头顶抹一小块酥油，说些吉祥语。这些吉祥语都是在说这个小孩已经长大成人，希望他以后在社会上没有风雨阻挡，无论做什么事情都顺顺利利。

在我们摩梭人的成丁礼仪式里，送衣服也是一件很隆重的事情，最亲近的亲戚才会送衣服。我成丁时收到的最贵重的礼物是楚巴，父亲那时花了100多块钱给我买了一件楚巴，在当时相当贵重。我哥哥杨宝荣成丁时只有长衫，我是家族里第一个有楚巴的孩子。二叔杨文国送了我一套西服，那时候西服很稀罕，别人都羡慕我的待遇比哥哥们好。

我小的时候，父亲是东巴，农事最忙的时候他被人家请走做仪式，自家农田里的活就丢下了。有时候浇地的水都背回来了，他被人请走，庄稼没种成，也就没了收成。人家来请他，他作为东巴不能说没有时间，无论多忙都得去帮人家做仪式。如果有人去世做超度仪式，甚至要耽搁一个星期，自己家的事情只能丢在一边。父亲不在家，家中里里外外的事情都要母亲一个人做，非常辛苦。那时候家里喂肥猪，没有粉碎机，要用手推磨来打饲料，家里也没有灯，只能点着松明推磨，有时候干到晚上十一二点才吃饭。

母亲每天上山找柴火，她不会用马驮东西，自己一筐一筐背回来。我小学一到三年级在村里读书，下午放学我就牵着马去驮柴火。小舅们在山上砍的柴码好了放着，等晾干了再拿走。他们挺可怜我们家，跟我说这些柴火可以随时去驮，有时候还会帮我们驮回来。读书那会儿家里缺人手，我一到农忙时节就请假回来帮母亲干活，播麦子的时候回来帮忙，点苞谷的时候回来帮忙，还负责放牛放羊。那时候我想，长大了要好好帮母亲，能承担就多承担。我13岁从加泽完小毕业，没考上初中，不想再读书了，就想在家里帮母亲干活。

母亲的脾气不好，是个急性子。小时候，我经常看到她和父亲因为家里的事情吵架。我晚上睡不着觉，也不敢跟别人说，心里想来想去不是个滋味，一个人偷偷地哭，枕头都湿透了。

打工为家与病中的亲情

以前家里穷，父亲给人家做仪式，只得一块砖茶，没有什么收入。17岁那年，我和幺舅石德云去四川木里县的一个人家打工，那时候的工钱是一天15块钱。这家的男人是老师，他老婆是乡长，算起来我们还是亲戚，因为我的曾外祖母是从藏区嫁过来的。他家里有两个女儿，经常跟我开玩笑说让我在他们家入赘算了。我给他们家修房子做围墙，待了十多天，跟幺舅说工资太低不想干了，带着挣的钱直接去了木里县的金矿。

在矿山每天要把 40 吨矿石装车，把矿石倒在池子里用药水泡，炼金子。我们第一年去的时候比较好，有时候半天就能装满，第二年就太差了。每天早上四五点鸡叫时起床，晚上 10 点多睡觉，有时候要干到夜里 1 点多。刚去的时候挺苦，但那个时候能打工赚钱的地方少，不得不干。每天一到下午和晚上，我的手就肿起来，很疼。手肿了以后，我用玻璃片划破放血，自己把血呲出来。以前在家的时候父亲经常这么做，用葫芦拔火罐，但矿山里没有火罐，我们就只能用胶皮、药瓶划出血来，等着慢慢好起来。那个时候不懂事，一心只想着挣钱，现在回想起来有点害怕，那个地方到处都是毒药，没出事算是幸运的。

矿山里也死过人。我们的工地原本是在矿洞外面，有几天矿洞里人手不够，我们临时去帮几天忙。那天真是怪了，我们村的好几个人和一个湖南人一起挖矿，矿洞里光线不好，看不太清楚，突然掉下一块大石头，把那个湖南人当场砸死了！我们当时都吓得四散跑开，第二天再不敢去，后来那个矿山被关掉了，我们就没在那里做工。

在矿山打工那会儿，我们自己开伙吃饭，每天除去七八块钱的生活费还可以存下 40 多块钱。我在矿山前前后后干了两年多时间，除了杀猪祭祖时回家，其余时间就一直待在那里干活。父亲和奶奶都讲，出去挣钱可以，逢年过节一定要回家，特别是杀猪节祭祖的时候必须回家，不管多忙都要回来。杀猪节祭祖时，家里的祖先全部回来了，他们会问：今年我们家怎么没有这个人，死了还是去哪里了？我在金矿挣了一两万块钱，自己一个人花是不可能的，以前家里没收入，我们挣的钱就是给家里用，全部都给父母，我记得第一次给了家里 6 000 多块钱。

木里的金矿关了以后，我去阿海水电站干了一段时间，在那里放炮、打钻。别人休息时我去捡纸箱、炸药箱卖钱，遇到放炮时一天可以卖两三百块钱。那个时候我和嘎玛恋爱了，她是我大嫂哈巴米的亲妹妹，也是我的表姐，大我两岁。2006 年，我带嘎玛在阿海水电站做了一段时间，那时候工地上的活不是很多，她在那里只待了一个月。

我和嘎玛是自由恋爱，父亲看出来我们在谈恋爱，他主动提出让我们结婚，还算出我们 2007 年必须结婚，月份也都算好了。于是他去嘎玛家提亲，刚好那年 4 月我们家翻修房子，房子修好后，8 月我和嘎玛结婚了。当时，岳母送了我一条腰带，但我们俩之间没有互送定情信物。

婚后不久，我因为摔了一跤在家里躺了几个月，差不多有一个月的时间一动都不能动。嘎玛回门那天，我和哈巴米牵着马从二叔家的地里驮米豆回来，卸米豆时没稳住，筐里的米豆太多太沉，连筐带人一起摔到台阶下面。当时我脑子还清醒，想翻个跟斗试着站起来，结果根本动弹不了。那天父亲有点着急，他气喘得厉害。他和哈巴米赶紧把我抬到床上，叠了棉被让我趴在上面，我的腰椎关节已经脱掉，那个时候已经没了感觉。如果换作另一个人，当时只能把我送去医院，但是父亲很懂接骨的医术，他让哈巴米压住我的脚，用了十多分钟把我的腰椎关节扳回去复位，要是等肿起来再复位就不好了，如果直接送去医院更是受罪。

我在家里养伤，在床上躺了几个月，全靠嘎玛和家人照顾。大哥当时在外面打工，为了照顾我放下工作回来。幺舅家的表弟石文强从小和我一起玩，我们关系最好，我受伤后他天天来看我，陪我说话，晚上睡在我家火塘边。父亲采来草药，嘎玛为我翻身子、用草药煮水擦身子。过了一个多月，我才能站起来，有一年时间抬不了很重的东西。如果父亲不懂医术可就麻烦了，我可能会瘫痪。卧床期间，嘎玛一直细心照顾我，我心里很感动。后来我去福建莆田打工，在那里给她买了一条獐子牙做的项链，她逢年过节时会戴上。

我和嘎玛婚后一直没要到孩子，父亲带着我们到加泽大山上的观音海求子，后来我们的两个孩子杨善、杨义相继出生，想来我们的东巴文化还是很灵的。我那个时候开始觉得父亲是个了不起的人。

伤好了以后我又出去打工，想着给家里挣一些钱，跟着阿海水电站的那个老板去做工。这个老板先后带我们去过福建莆田和云南的中甸（即香格里拉市）、宾川，我们一起共事了差不多 10 年时间。他比我大十多岁，像哥哥一样对待我，什么事都跟我说，拿我当朋友。跟他在福建莆田打工的那半年，我们随时都在加班，白天干 8 小时，晚上干 4 小时，但工钱只算白天的，一天能挣 300 块钱。我的叔叔和姐夫也在那里，他们回家跟我父亲说，你这个儿子不行，老板叫他做什么他就做什么。父亲常说，在外面打工要听人家的话。我在外面无论跟着哪个老板干活都是这样，一心一意，尽自己最大的努力，对自己做的事情负责到底。我的脾气是这样：将心比心，以心换心，我对人家好，自己好好干，自己努力，人家会看在眼里、记在心里。

2014 年，丽江东巴文化研究院的李德静院长推荐我去丽江九河参加一个雕刻培训班，她是父亲的朋友，经常来我家，找我父亲讨论东巴文化。

我在九河学了 4 个月的木工雕刻，虽然画画的课程只有 15 天，但我在那里最感兴趣的事情就是画画。初学的时候感觉挺难，看别人画出来的东西挺好，觉得自己肯定学不会。每个伙伴都有功底，四川卡瓦村的一个伙伴，他年纪比我大，以前学过画画，画得很好。他以前画得多了，想一下就能画出老虎来，我们看着、想着还是画不出。我心想，只有用心学才能跟上他们，不好好学就变成倒数第一。他们休息的时候我不休息，一直不停地画，一次画不好画两次，两次画不好画三次，后面就有信心了，感觉没那么难了。我有一点画画的天赋，但进步都是自己用心学出来的，有了目标，用心去学，没有学不会的东西。培训班的时间太短了，那个时候可以集中精力画画，当时也挺自信的。本想回家以后好好画画，但再也没有时间可以画，也画不出来，学得快，忘得也快。

我那时经常用手机分享我的作品，发给家人看。最厉害的作品要雕刻8层，一块雕版可以卖几万块，特别费心思。我的雕版作业花了一个星期完成，是一个3层的作品，参加评选还得到一些奖励。李德静院长说我进步很快，有天赋，要好好学。四川卡瓦村、甲波村的两个伙伴的作品丢在东巴文化研究院，后来我去丽江，他们两个托我带回去。我把他们的作品拿到家里，父亲看了我们三个人的作品，他说我的这幅最好，还给我的作品上了色，挂在他放经书的阁楼里。

从九河回来后，我还是跟着这个老板打工，后来到了大理宾川。2016年，二叔打来电话，让我去玉龙鲁甸参加一个东巴文学习班，那个学习班要20多天，学员都是东巴。那个时候他和父亲已经有了让我学东巴的想法。老板说可以给我一个月的假期。我想了想，培训完了要回家杀猪祭祖，又要过年，干脆辞职不干了。我跟老板说到准备回家的事情，他说："你都这么大了，还学什么东巴，别学了。"我跟他说不能这样讲，父母叫我回去我只能回去。此后，我再也没去远处打过工。

从鲁甸回来后，我打定了学东巴的主意，这个想法藏在我心里，没跟任何人说起过。后来我和嘎玛说了这个决定，她很支持我。后来我带她去宁蒗看病，给她买了一只手镯。去年村里有人来打戒指，她当时没告诉我，叫人打了一对戒指，我们一人一只，算是我们之间的信物。

这些年，我心里一直有两个声音：以前害怕学东巴，现在不得不学东巴。我小时候对父亲有一些不满。父亲做东巴，母亲一个人照顾家里太辛苦了。我曾经想过，要是我做了东巴，家里的事情只能由嘎玛一个人承担，而我只想好好挣钱养这个家，把两个孩子培养好。我们读书那会儿，父母没空管我们，也不关心我们的学习成绩，如果再这样下去，后面一代不如一代。父亲以前也没打算让我学东巴。我们家翻修房子之前要算卦，父亲从地里挖出几块石头到四川找人算卦。算卦的老人说我父亲的八字是"水"，我的八字是"火"，我俩八字相克，叫我不要跟父亲学东巴，不然会伤到他。可父亲更常说的是："做了东巴什么事情都做不了，耽误很多事，做了10年村长和护林员，没为家里做什么事情，一辈子就这样过去了。"

这几年父亲叨着要我学东巴，我们在火塘边闲聊时他说自己老了，希望我能够学东巴。父亲一辈子辛辛苦苦地找齐了东巴法器、东巴经书，没有人传承等于他这辈子的心血全白费了。父亲在的时候我可以跟着他学东巴，有问题可以直接问他，他要是不在了我跟谁去学呢？

下定决心后，2018 年，我开始学习《烧香经》。当时我们杨家的 5 个叔伯兄弟开了一个"小班"，一起学习父亲抄写的经书。他一字一句地念出来，我们用手机录下来，他念完一整本后，我们自己对着经书听着录音跟着念。因为家里天天烧香，父亲天天念这本经，我虽然不认得里面的文字，但听着听着就能听懂一部分了，所以这本经书我学了两个晚上就会了。我们一起学念经的时候，父亲坐在旁边听，哪个地方念不下去了他就会提醒我们应该怎么念。父亲常说，油米村每家每户都要有人会念《烧香经》。有些人家的老人年纪大了，年轻人不学，就没有人会念经了。在父亲看来，一家的男人不会念《烧香经》，干脆穿裙子算了。

我们的东巴经文是象形文字，虽然不识东巴文也可以读得通，但东巴做仪式需要学习音调，因为不同仪式里的诵经有不同的音调，烧香、超度、祭风各有不同的念法，认识东巴文字才更能读得通。我读别的地方的东巴经文简直一窍不通，不知道写的是什么意思，丽江的一些东巴经书就是这样。我们在鲁甸学习东巴文很费力，老师拿着经书念，我们跟着老师念，有时候念着念着就念不下去了，不是这个地方有个念不下去的，就是那个地方有个念不下去的，20 多天还学不会一本经书。

以前的东巴文有点像汉语的文言文，一个字可以有好几个音，每个人的念法都不同，念着念着就变味了，想要百分百记住是不可能的。父亲了不起的地方就是把原来的东巴经书换成一种更容易念的方式。以前，他早早起来喝完油茶，去他那个小阁楼里抄写经书，从早上抄到晚上，这样写了几年他的腿就得病了，因为每天坐的时间太长。他重新誊写的经书念起来不会这里不通，那里不通，学起来不费力，我的东巴文就是他这样教出来的。父亲"转译"了东巴文，在他自己看来只是为东巴文化做了"一点"贡献，但是对我们来说，我们以后学东巴就能走他开的路。

如果父亲出生在现在，他一定是个很了不起的人。他那个年代做什么事情都很困难，却还坚持为自己的民族做了这么多事情。我无以回报，唯有好好学习东巴、好好做人。

父亲年轻时捏面偶、念经都太快了，是他那一代东巴里做仪式最快的，差不多半天时间就能做完祭风仪式，不需要看经书就能念下来。杨玛佐东巴的父亲在世时做他的帮手，他们之间很默契，完全不用语言交流，仪式做得很快。

我现在和杨玛佐一起做仪式，他不用吩咐，只管念经就好，我和杨玛佐配合就像以前我父亲和他父亲配合一样。有些人你跟他说了10遍他都不会做，耽误时间。如果应达没一个人能做帮手，东巴就会很累。帮汉族人家做仪式实在辛苦，说来说去他们也做不来；给摩梭人家做仪式，语言沟通起来更方便。父亲去汉族人家做小型仪式不用带帮手，做大祭风和消灾这样的大仪式必须带一个帮手，不然一天跟应达说个不停，仪式就做得慢了。

我小时候用泥巴捏"面偶"，只会做牛、马等动物的形象，那个时候不知道这些面偶代表什么，只是会做而已。现在知道了大部分面偶是什么意思，有些是神，有些是鬼，有些是牲口。神也好，鬼也罢，都有男有女。每个仪式捏多少个面偶有不同的要求，小祭风仪式需要五六盘，大祭风仪式要十多盘。父亲现在老了，如果全部面偶由他一个人捏，要做到晚上十一二点，我心疼他，现在帮他捏面偶，这样他做仪式会快一些。父亲的面偶做得又快又好，我每次和他一起捏面偶都很用心、很投入。我自己捏面偶又快又好的诀窍是观察动物的形象细节，动物的细节事先存在脑子里就能捏得又快又好。我对这些细节的观察来自小时候关心家里的牲口，对它们的形象都很熟悉。小时候家里养牲口，每天放牛放羊，睡觉之前我都要去看看它们、关心它们。我对自己喂出来的牲口都是有感情的，以前家里有一头很乖的骡子，骑上去它不会闹，我总牵着它去驮柴火。十多年前家里把它卖了，但它一直在我的脑海里，始终抹不去、忘不掉。

从鲁甸回来后，因为我学过雕刻，又有工具，我开始给村里雕刻顶天柱上的"祥云"。以前村里人觉得我们家做得好看，会请父亲帮他们雕刻，现在他做不动了，就由我来做。我做得还远不如父亲，让我满意的作品还没有出现。

转山念经是我能够独立做的"仪式"了。父亲的腿脚不好，已经有好几年没去转山了。我第一次代表家族念经的时候有点激动，两个叔叔和我站在一起，我们三个人各念各的《烧香经》，那一刻觉得他们不再把我当小孩子看。那个时候我刚开始学念经，还需要看经书，可拿着经书不方便摇板铃，二叔就直接从我手里接过板铃来摇。与刚开始学念经时相比，仪式中用到的经书我现在能看得更明白，而且已经学会了好几本，比如《除秽经》《祭祖经》《祭能人》。

我是油米村最年轻的东巴，我也有其他东巴一样的困境，做东巴，家里就顾不上。在鲁甸学习东巴文时，当时的班长给我们讲过一件事，他们有一次在丽江做退口舌仪式，应达给了一万块钱。我说你们这样不会长久，一个退口舌仪式收一万块钱，有几户人家可以做得起。我们油米村不会这样，人家不会给你这么多钱，因为我们这里每户人家一年至少会做一次退口舌仪式，给这么多钱谁还能做得起，这个仪式以后可能就消失了。

东巴做仪式收个一二百块钱应该的，但收五六百块钱就不合理了，因为也不是天天都有仪式可做，不做仪式的时候可以出去挣钱。天天待在家里，靠做东巴仪式吃饭不现实。如果你有抄写东巴经书的本事，人家愿意买，你可以卖给他；如果你会画画，也可以凭自己的本事卖画。这些应该是东巴文化允许做的，不然怎么生存下去？总要面对现实，跟上社会的发展，不然大家个个不愿意做东巴，我们民族的文化就没有了。

日常生活里的东巴文化

在我们的东巴文化里，在我们的生活里，到处都有人与自然和谐相处的体现：吃这里的水，必须每年祭一次水龙王；上山砍树修房子，必须带着牛奶和烧熟的苞谷敬山神，因为树有树的主人，要烧香跟山神打个招呼，诚心地求他不要捣乱；正月初十敬河神，打工的、挖金的人祈求金银财宝。祈求而不要霸占，领会了这一点自然而然就能够保护森林，如果每个人用心体会，保护森林是一件很容易的事。

油米村每年 4 月进入雨季，4 月之后就不准在山上砍树，以前的人都挺相信这些说法，现在的人不懂，雨季也去砍树，这在以前是不被允许的。雨季砍树，苞谷会被风吹倒，也会发生泥石流，这是老天不高兴了在惩罚你。又如，我们过了八月十五才能砍竹子，之前再怎么需要也不能砍。我父亲那一代的大部分人知道经书里面说什么，现在很多人不会念经也听不懂，也就不懂得爱护森林。东巴是我们民族的知识分子，是我们民族的代言人，做一个好东巴要为全局考虑，要有无私贡献的想法。

2020 年，我的儿子杨义到加泽完小上小学了，阿公塔在加泽完小给孩子们开了东巴文化课，杨义是他最满意的学生之一，这跟家里也有关。杨义的学前班在家里上，父亲教他汉语和东巴文，他从小就在这样的环境里长大。他对我们的东巴文化挺感兴趣，学校里教的那些东巴文他三个星期就学会了。如果好好培养，他将来会成为一个懂东巴文化的人。

两个孩子上学后我才意识到，以前老师对我们要求太不严格了。我们读书的时候，家里不重视，那时候不像现在这样有很多作业，放了学就是干活。我认为对小孩子还是严格一点好，毕竟小孩子什么都不懂，该惯着的时候要惯着，但有时候必须严格。我自己做了父亲后才慢慢有了这种想法。

父母是孩子的榜样，孩子是父母的一面镜子。在加泽完小开家长会，一个老师说，你们不用说你们家里怎么样，我一看你们的小孩就知道你们是怎样的一家人。自己做不好，要小孩做好是不合理的，如果你喜欢说假话，却跟孩子说不能说假话，小孩子看在眼里，他是不会听的。父亲经常对我们说要做一个诚实的孩子，奶奶在世的时候也经常说，人不能说假话，做事情要对得起自己的良心。从个人做起，自己家里做好了，家里的人会影响周围的人，一家影响一家，就什么都变好了。人心都是肉长的，要将心比心，站在别人的角度去考虑事情。

我父亲这个人完全为他人着想。我们家翻修房子那年，日子本来定在 2 月。杨玛佐的大哥杨博布当时也要修房子，他们家请不到木匠，我父亲就去帮忙，让他们家先修，我们家就推到了 4 月中旬。等到我们家开始修房子的时候，已经是雨季了，天天下雨，泥巴粘不好，墙也干不了，就变成现在这个样子，墙面歪来歪去，最后封顶的时候差一点全部塌下来。我父亲就是这样一个人，自己的事情先放着去帮人家。我现在想明白了，人与人的信任要自己先付出，用实际行动表示出来，你自己不好好做，要人家说你好是不可能的。

父亲常说，不会做事并不可怕，但要学会做人，连做人这个根本都没有，什么都学会了也是白学。我也这样认为，做人最关键，不会做人再有钱也没用，有些人什么都有，有金钱，有地位，就是不会做人。

石文君，1948 年生人，2019 年去世。40 岁跟随父亲石甲阿次尔学习侠武，50 岁开始收徒弟传承侠武文化，门下徒弟共 8 人。他曾与女婿阿公塔东巴共同将口诵的超度经书三册记录下来。采访时他是油米村及周边摩梭村落资历最老的侠武。

石文君侠武

2018 年 8 月 26 日，在石文君侠武的妹妹石光明（1952—2018 年）的丧葬仪式上，我们采访了他。当时他已病重，但仍勉力指点超度仪式。2019 年 1 月 5 日我们再次到油米村拜访他时，他已生命垂危并于两日后去世。1 月 8—12 日，他的家人为他举办了盛大的超度仪式。为了尽量弥补缺憾，超度仪式结束后，梁海梅于 1 月 13 日补访了其大女婿阿公塔东巴，1 月 15 日，田秘林补访了其侄儿杨给苴东巴，1 月 17 日，张艳艳补访了其弟弟兼徒弟石农布侠武，他们的讲述片段汇总呈现了石文君侠武一生中的点点滴滴。

采录整理　张艳艳　梁海梅　田秘林

访谈地点　宁蒗县拉伯乡加泽村委会油米村 27 号

我今年 71 岁了。年纪大了，身体不好，不怎么主持道场了。今天是我妹妹的道场，是我弟弟农布主持的，我给指点指点就行。我是 1948 年生人，属耗子的。我是毛泽东时代的第一批学生，只读到四年级，普通话说得不好，笨得很。我父亲石甲阿次尔（1926—1998 年）就是一名侠武，小时候我也看过他做道场。"文革"的时候，不能搞这些，我父亲也就很久都不做了。改革开放后，传统文化开始慢慢恢复，又可以做道场了。1982 年我母亲去世的时候，当时做了道场，杀了一头牛。道场的大小，看家里的能力，都不是固定的。

后来我父亲年纪大了，要把侠武传给我。我父亲说："这个风俗习惯要传下来。你是我的大儿子，这个要传给你。别人要是请你，你就用得了；别人不请你，也没关系。"1988 年，我 40 岁，那时候家里面没有钱买茶、买盐巴，也没有出去打工的机会，村里很多人都去淘金。我跟着父亲去金沙江边，白天淘金做活路，晚上父亲口诵侠武经传给我。那时是没有经书的，是我父亲靠记忆传给我的。我学了三个月，基本上就差不多了。

1988 年开始，我一直在村里做侠武。1998 年我父亲去世了，没有病痛地走了。我父亲过世，是杨多吉扎实主持的仪式。也是从那年开始，我逼迫我弟弟石农布学习侠武。他心里是不愿意的，但是我把父亲说过的话告诉他："这个是传统，是我们的风俗习惯，不能没有了。"我也想让我两个儿子学侠武，我逼过他们，他们就是不学，后来我就不教他们了。

在十多年前，我病了一次，昏死过去了，半天都醒不过来。最后是杨多吉扎实带着人把我给弄好的。农布说，他就是从那个时候开始认真学侠武的。后来我收过几个徒弟，有我们油米村的杨生根独吉、杨古马次尔、石阿鲁，落科村的石松农独吉，树枝村的石永都和石英次尔，次瓦村的杨巴塔。有两个徒弟已经去世了。

现在村里和周边村里请侠武，都是请我和农布。我年纪大了，耳朵不好使，记忆力也不好了，像猴子掰苞谷，一面掰一面丢。做仪式的事情交给农布他们了，我给他们指点指点就行。

侠武能传下去，我的心愿就完成了，我把父亲口传给我的经恢复成了手写的经书。东巴有东巴的经书，侠武以前也有本本（经书）。"文革"时侠武的本本被烧掉了。现在侠武口传的经书，是我父亲靠记忆恢复起来后口诵传给我的。大概20年前吧，我来说，阿公塔用东巴文来写，就这样把这个本本恢复起来。写下来就会保存得长远一点，以后就不会丢。三江口过来的摩梭村子，每个村上我都给经书，我徒弟那里也都有经书，就丢不了了。徒弟们全都会了，（经书）以后就还有。

东巴和侠武都是传承东巴文化的，传统的风俗习惯不能没有了，侠武和东巴是配套的，都要传下去。我的侄儿子、女婿都是东巴，我很赞同和支持他们学，要多多地学才好，我们民族的文化一定要传下去。

做道场时，东巴和侠武是配合一起的。东巴一边，侠武一边，侠武是道场上的总管。要是道场上有吵架的，都是侠武来招呼。侠武要告诫大家不要吵、不要打、不要闹、不要复仇。有些人在道场里喝酒，要告诉他们不要发疯。

石农布：大哥勉强我学侠武

我生在侠武世家，父亲传给大哥，大哥又传给我。我是闯江湖、做生意的人，闯到稻城，闯到香格里拉。1998 年我父亲去世，是我大哥勉强我学的侠武。当时我说，不需要学这个呀，又耽搁时间，报酬又少，有时又没有报酬，现在的人都说搞这个没有多大的意思。我大哥说这是我们民族的文化，要继承下来。

2004 年左右，我大哥差点就去世了。从科学方面来讲，他是有点高血压的样子吧。他喝酒喝多了就晕倒，是杨多吉扎实他们摸来摸去，一天一夜后才醒过来了。我那时在宁蒗，回来的时候他已经醒了。那个时候我还没学会，如果他那次去世的话，我们侠武文化就失传了。我意识到这一点，就开始认真学习了。

我大哥是丽江市非物质文化遗产传承人。在村子里面他是德高望重的，以前村子里面大大小小的超度仪式，他都会帮忙。他是很沉稳、不放弃的一个人，有些人搞什么事情都慌慌张张，他做事是慢慢地来，很沉稳。侠武的事情只有他全面，他做仪式的时候就是比较严肃、相信自己的那一种性格。一个传教的人应该是这样的。有些时候我们说得不对，他就给我们纠正。唱的时候，他就说："你这个发音不对，你唱法不对，你的音不准，要这样发。"以前他脾气比较急，最近几年他脾气有点可以了。他嗓子还相当好，做道场的时候，我们这里侠武唱歌要唱几天几夜，有些人就会唱哑了。这次我大哥的超度仪式，我就唱哑了。

阿公塔：记录岳父口诵的经书

把口诵的经写下来最开始是落科村石松农独吉的想法，石松农独吉是我岳父的徒弟。1998年石松农独吉来请我把口诵的经写成经书，这是他的愿望。在这之前岳父没有这个意思，要不是石松农独吉来求，可能也不会想起来把侠武经写下来。后来岳父想到了，把口诵的经书记录下来，就不会失传了。这个事情还是要感谢石松农独吉，当时写下的经书原本就在石松农独吉家。

侠武的经书是在超度仪式上使用的，不能在家里诵读。我和岳父去那边山上，他口诵，我用东巴文把它记录下来。总共写了三大册。第一本叫《苏可》，是哥哥弟弟给姐姐妹妹放牦羊毡子[1]的经书；第二本叫《取可》，是女儿给父母超度亡灵招待一顿饭的经书；第三本包括三个部分，即《日去》《来去》《古居》，是讲献酒、献茶和马的来历的经书。

岳父可以口诵的侠武经书很多，但只有一小半被我写了下来。他还是天天在催我的，希望能多写下来一点。我早就想写，但是有些时候我要去帮别人，有些时候家里有事，就耽搁了。他病了以后精神不好，话都不想说了。我们最终没有完成这项工作。

我岳父也是我的表叔，我学东巴还受到他的影响。我跟随父亲阿次儿学《烧香经》后，父亲身体就不好了。在我刚刚 20 岁的时候，父亲就去世了。父亲去世前，把我托付给杨多吉扎实东巴，也就是我的堂舅，让我跟着他学东巴。父亲去世后，岳父就劝我一定要学东巴。那个时候我还不是他的女婿，他说："你们学过汉文的人一定要学东巴。你记忆力好，一定要去学。"

1
在油米村，女性出嫁一般分不到财产，因此在她去世后，她的兄弟会给她分一些家产，"放牦羊毡子"，即为此意。

我父亲去世时，我还年轻，有点怕。老舅公石甲阿次尔（岳父的父亲）就在我家里坐了两个月，白天也坐在这里，晚上也守在这里。老舅公天天跟我讲，你父亲是一个东巴，你一定要学东巴。老舅公和岳父都劝我学东巴。后来过年的时候，我去给师父拜年（相当于拜师），岳父说这样就最好了。他很高兴，很喜欢我。

做东巴要去帮助别人，家里人就比较辛苦，尤其是我妻子，但我的岳父是支持我的。岳父有些时候说让我少喝一点酒，就只说我这一句，别的话就没有。妻子在骂我的时候，岳父对我说："你要写经书，不要听我姑娘的，你自己好好地写经书，你要用什么东西自己去准备，活是不必干的。"他对他姑娘说："东巴是不由你们的，你们自己去干活。"他还对我儿女说："你们自己去干活，你们的父亲是东巴，他在写字的时候你们不要打扰他。不管他怎么样的，你们不要管他。"

我一面做活，一面写经书，有空就写，两天能写一本，到现在我已经写了1 000多本经书。我岳父还鼓励我帮别人去写经书，他对我说："我们本身就是传承民族文化的，人家给不给你钱，你都要去。"我给岳父写了4册经书，我说："我是你的女婿，你不必给钱。"但是岳父给他两个儿子说："阿公塔的两个孩子都在读书，一本经书写出来不容易，也不是谁都能写出来的，每一册经书至少要给200元。"后来岳父总共给了我1 000元钱。

在我们这里有个习俗，岳父岳母要是 60 岁了，算好日子要请来姑娘家住的，要杀一只大山羊来招待。我们去请他的时候，他不来，很体谅我们。他说："我们都是一个村的人，天天一步路就到，早饭晚饭经常都在你家吃。如果有穿的，带一套给我就可以了，其他就不必做了。我要是去了，你们还是非常麻烦的，你们家族还是非常麻烦的，村里人还是非常麻烦的。"

杨给苴：伯父是我们这里最大的侠武

我伯父石文君的葬礼是我主持的，他是很支持我学东巴的。我开始学东巴的时候，年纪很小。他告诉我，有一样东西必须送给我，是我家爷爷石生根独吉东巴传给他的一个老庄，那是东巴做仪式的时候用的一种法器。他找了好多年都没有找到，直到七八年前在火塘旁供奉的猪头上找到了，才传给我。他把先辈东巴传下来的法器送给我，就是支持我学东巴的意思了。

以前我们村子这里，一个人去世了，必须先请到他。有人要去世的时候，很多人不知道怎么做，必须他来。在我的心目中，我伯父是我们这片最大的侠武。现在从三江口上来，我们这里下去的这一片，像他这样的，一个都没有。以前我们所有的事情都问他，现在他去世了，没有问处了，有什么事都要自己承担！

石农布，1961 年生人，2021 年初去世。初中毕业后在川滇边境做生意，23 岁结婚，育有三女一子。38 岁时开始跟随大哥石文君学习侠武。曾担任油米村村长 9 年，带领村民修路、建水池和通电。采访时他为油米村资历最高的侠武，可以配合东巴主持全套的丧葬仪式。

石农布侠武

采录整理　张艳艳 梁海梅

访谈地点　宁蒗县拉伯乡加泽村委会油米村 25 号

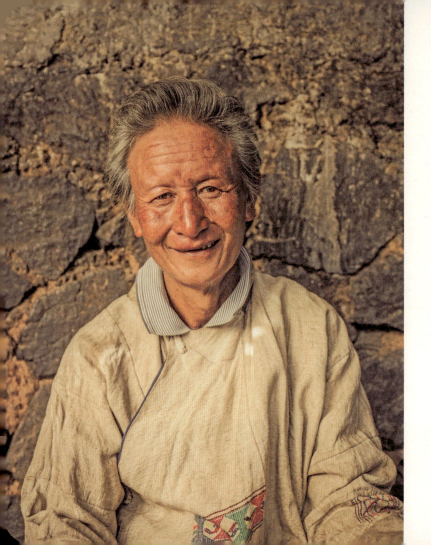

① 石农布侠武

我是 1961 年五月初五端午节出生的，属牛。我妈妈说，我出生的时候胖得很，叫我"石布"，粗粗胖胖的意思，就是现在我的纳名——石农布。

我父亲叫石甲阿次尔，也是一名侠武，他从小时候就开始学侠武、做侠武。"文革"时，侠武的经书全部烧掉了，侠武文化也断掉了。"文革"后，我父亲凭记忆把侠武恢复起来，用口传的形式传给我大哥石文君。我父亲对大哥说："侠武是我们民族的文化，你把它学下来，学会。将来有用也可以用，没有用了也可以不用，但是你最好是把这个继承下来。"1998 年我父亲去世后，我大哥又让我跟着他学侠武，又把这个文化传给了我。那年我 38 岁，到现在有22 年了。

我父亲是一个身强力壮、四平八稳的人。他是个猎手，打过野牛，当过村长，加泽人都敬佩他。他年轻的时候流行玩"扭扁担"的游戏，别人都干不赢他。他 68 岁还能革囊渡江，很多年轻人都赶不上他。他年轻时性格很暴躁，一族的人都害怕他，别人都说他是普米家的人种（我奶奶的上一代是普米族的），相当厉害。我有一次做生意，为了生活，用好马和别人调换了一个小骡子，得了粮食和钱来过生活。我父亲很看不上小骡子，他说："儿子，老子是骑这种小骡子的人？"他拿石头打到小骡子背上，把小骡子打跑了。骡子跑了，我是不管的，后来我父亲转到四川又走到永宁才把骡子找回来。在我 32 岁时，父亲教给我《烧香经》，就在火塘边，他一边念经，我一边看经书，跟着他学了三个晚上我就会了。后来他年纪越大，脾气越好。我父亲到 70 岁视力变弱了，身体就不行了，我认为他是得了白内障。要是眼睛好，他寿命就会比较长了。1998 年父亲去世的时候跟我们说："你们辛苦了，将来你们会美好的，会幸福的。"

我的成长还是受妈妈影响最大。我妈妈是杨家人，人才（长相）相当好，鼻子高高的，个子不太高，胖胖的。别人都说我像妈妈。我是妈妈 37 岁生的，是么儿子。小时候我家里还是贫穷的，那段时间家里有 8 口人，妈妈有个平底锅，做 8 个圆圆的粑粑，一人一个。我有点大了，一个粑粑吃不饱。妈妈就把她的半边分给我吃，妈妈还是疼我的。妈妈年轻的时候受苦，生我一个姐姐的时候，刚刚生完孩子一个星期就下地干活儿了，落下了病痛，她年轻的时候太苦了。土地承包到户那年，她患了风湿病和痛风，病了好长时间。1981 年，妈妈去世的时候才 58 岁，那时我还没有结婚，但已经找到了老婆。妈妈说，她不担心我，她担心去舅舅家上门的二哥石光秋。

我小时候正是"文革"，村里不让做道场，我是去学校读书的。小学是在加泽完小读的，五年级之前住在家里，每天从家里跑到学校，从学校跑回家里。我小时候是最不听话的学生，四年级的时候逃学，在路上玩啊玩，一天都走不到学校，老师会批评，还拿根树条打我。五年级的时候家里让我住校，我们几个同学就住在校长陈文宁的寝室里，和校长同吃同住。家里给准备一些盘缠和口粮，口粮是一顿一小碗，一天两顿，一星期6天是12碗，主要是玉米面，要是能带一两碗大米就是最好的了。家里有菜的时候，就带一点背到学校吃。家里没有菜的时候，我们就去老师们的菜地里偷一些。学校有一块地种苞谷，成熟的时候，陈校长会去劈一点烧给我们吃。我是个爱笑爱闹的人，乒乓球、篮球、游泳、笛子这些都会。我打乒乓球的发球是很好的，打球时发个旋球、砍球，有时再搞个假动作，打个急球，别人一般是接不住的。13岁时我还参加过永宁小学生运动会。那时老师也爱叫我上台表演节目，记得有个剧目是讲"农业学大寨"的坡改梯，我穿上楚巴，扮演农技员李小华。后来在初中我也表演过剧目。

我读书的中学叫岩洞中学。那时候中学提倡说普通话，我们学生只听过本地话，听老师说普通话觉得有点奇怪，没见过世面还笑话老师。中学的时候要勤工建校，我们一个星期有两天的劳动课程，上劳动课程能赚一点生活费。我们把山上的草混合在泥巴里挼来挼去，放在木制的四方形模具里面，打出来一个一个的土基，然后砌土基墙。在通过劳动赚生活费的同时，我也学到了本领。

49 岁时我自己建第一栋房子修土基墙，打土基的技术就是勤工建校学来的。中学的生活很苦，没有蔬菜，老师在农村里买一些南瓜给我们做南瓜汤喝。那时饭票一顿是一角，一个月是 6 元钱，不够吃。粮食局里的粮仓是用木板钉的，有些粮仓被耗子啃出一个洞，蚕豆、苞谷就可能从洞里漏出来，我们每天早早地起来，去那里转一圈，能找到些苞谷籽、蚕豆籽，拿回来放在灰上烧来吃。那时候生活真的很苦，现在真的很好了。

17 岁我初中毕业后，先是跟父亲去淘金，淘金的时候觉得饭很好吃，猪膘肉很有香味，一天要吃一斤的猪膘肉才过瘾。但淘金真的太辛苦了，干了一个月左右，就改去做生意了，我主要在四川、云南边境做生意，什么生意都做过。这样过了五六年我就结婚了。

革囊渡江买米度灾年

我是 1983 年结的婚。我太太也是油米人，是阿家的姑娘，叫阿泽玛，比我小一岁。我们油米村都是亲连亲的，连过去连过来，像网一样的。我们村里有父母指婚的习俗，但我和我太太是自由恋爱后结婚的，不是父母指婚的。虽然我们两个人是自由结合，但婚姻是人生大事，该走的程序还是不可少的。

结婚前男方要带彩礼去女方家。那时我母亲刚刚去世，家里还是很困难。我带给她家的是切掉头尾的一圈猪膘，是中间最好的部分。到她家那边就把猪膘分了，先切成小圈，再对半切开，做半圈猪膘。给她最亲的亲戚都带一个口袋，里面放上半圈猪膘、一截香肠、一截瘦肉和一斤酒，这样就是普普通通的礼了。我们摩梭人礼轻情义重，结婚彩礼有多少就给多少。礼小才可持续，礼太大了就没能力承担了，就只能丢掉了。听老人讲，泸沽湖永宁那里就是因为礼太大了，给不起了，产生了一个走婚制。

结婚时要请东巴做仪式，女方家先请东巴做仪式，第三天把姑娘送到男方家里，男方家再请东巴做三天仪式。当时我家做仪式的东巴是我大伯石生根独吉，也就是杨多吉扎实的外公。东巴早上念经，下午点灯，要念三天三夜的经。结婚时必须点两个灯，夫妻双方各点一个，看这个灯燃得怎么样。结婚仪式的最后一天，双方家族要交谈，两家长辈们各坐在火塘一边，讲两个人的一生要和睦，告诫我们不能说硬话，要相亲相爱，白头到老。

成婚之后，要靠自己讨生活，有件事情我记忆特别深刻。我们村下面这条河叫无量河，又叫冲天河、水洛河。在过去，无量河沿线的人就是靠革囊渡江来往的。革囊渡江用的革囊是羊皮做的，羊皮剥落的时候要保持完整，然后将头部、四肢及尾部的孔洞扎紧就可以。革囊不用的时候就要吊在火塘上面，出出进进的就打一下，可以防虫。如果保管得好，革囊可以用十多年。使用的时候后，向皮囊中吹气，羊皮就膨胀为鼓鼓囊囊的革囊，就可以用来渡江了。在过去，作为一个男人，如果不会游泳的话，就过不了江，就不算一个儿子、一个男人。

以前我们和江对岸做生意，东西要运来运去。无论水的大小，无论春夏秋冬，江不能不渡。冬天无量河的水很平静，可以用苞谷秆或者比较轻的木头做成一个筏子，河岸两边架起索道，拉着筏子渡人运货。冬天里拉筏子的人先游到河对岸，坐在那边拉绳、放索。来来往往过河的人，随便带点东西给他们，有些人就带斤酒，没有带也没关系，都不勉强的。夏天的时候，水急浪大，波浪滚滚的，筏子被冲掉了，索绳也断了，就只能革囊渡江了。江水最大的时候，附近只有我们村烧香的那个位置可以渡江，其他地方都不成。用三根皮带固定好革囊，让人或羊子卡坐在中间，一次可以渡一二个人，或者三四只羊子。也可以把粮食或者小的活物，比如鸡鸭，直接装入革囊中运过去。革囊渡江运东西需要两个人合作，一个在前边拉，一个在后面把控住方向。水急浪大的时候，游的速度要加快，十多分钟就能渡过水面。

1984 年我的大女儿出生，那年夏天我们这里下了一个小时的大暴雨，把庄稼全部冲光，鸡、猪也全部冲走，家里什么吃的都没有了。所以我要去江对面的俄亚汉族人家买粮食，用革囊渡江的水皮袋（革囊）装粮食运回来。我自家的水皮袋只能装三四十斤，太小了运起来不方便。杨多吉扎实家有一个装 100 多斤的水皮袋，还是比较好的，我就借来用。

那天早上我喝了茶、吃了青稞面，带着革囊就过去了。游到江对岸，江边有个老人喊我："你饿了就来我这里吃点。"江那边还是我们摩梭人，善良的民族。我从江对面山上的汉族人家买了 500 斤粮食，一角多钱一斤，借了老乡家的马把粮食从山上驮下来，寄存在庄房那里，自己再从庄房把粮食背到江边的坎坎上，那个坎坎就是我们油米祭河神的那个地方的对面。我背了 4 次才把 500 斤粮食背完。

用皮袋（革囊）运粮食之前，必须先试一下。如果皮袋不好，在水中间断掉了，或者漏掉了，会有生命危险。我用皮袋装起 100 多斤粮食试了一下，没有漏气，在水里漂还是可以的。下水之前先用锁子拴在皮袋上，长长的绳子挎在肩膀这里。一只手抓着皮袋，稳住，开始在水里漂。在水中游泳的时候，要会听水的声音，快到河中央感觉有点来不及的时候，就要把皮袋放掉，皮袋就顺水漂去了。皮袋放掉后，必须顺水往江对面哗哗哗地游，必须游得比皮袋快。游到江对面后，抓到哪里，就狠狠地抓牢，稳住后再把皮袋收回来，搬上岸。

我那时候胆子大，不要伙伴，我也不觉得害怕。我第一次带粮食过江的时候，石玉吓、石嘎佐在江边打鱼，看我游过来，他们两个在水中央拉住我，帮我把粮食搬上来。我带了一点杂粮青稞的牛头饭挂在岸边树上，但是被老鼠吃了。幸好他们俩打了几条鱼，我们煮了鱼在那里吃了。吃完后我又重新去渡江搬粮食。石玉吓劝我说："你胆子太大了，今天累了就不要干了。"为了生活，不得不做啊。我总共游了 4 次，才把 500 斤粮食都运过来。第二天我才去借马匹，把粮食驮回家。

艰辛养家与成丁记忆

我要挣钱养家，抚育四个子女，什么生意都做过，我这个人是爱做生意的。很多人都说我是个浪人，是江湖人。那时候做生意就是个行情，有些地方没有这个货，我们卖过去，凭良心挣一点工钱，就是靠这个钱来养家了。

我做贩运生意很多年，赶骡马驮货运到永宁、宁蒗、稻城亚丁，去过好多好多地方。以前山上有老虎、豹子，过大山还是危险的。赶着骡马过大山的时候，就在山林里烧一笼香，求菩萨神明保佑一路平安。遇到下雨，就很难过了。那时候没有帐篷，只有羊毛毯或牦牛毯披在身上挡雨，淋雨后的毯子有七八十斤重，抬都抬不动。在大山中生存要有火才行。我以前是不抽烟的，所以会忘记带火。为了不忘记带火，我从 27 岁开始学抽烟，一直抽了 10 年。

做生意有赔有赚。有次我贩运三垛鸡蛋到稻城亚丁，这边收鸡蛋每个是一角多钱，卖到亚丁就是一元钱，但是鸡蛋在路上都摔坏了，本都赔掉了。我还做过黄金生意，在我们这里收了，卖给大理的老板。有段时间和伙伴一起贩运骡马就赚钱了，当时我们只有 1 000 多元的资本，收骡马的时候，只付一半的钱给应达，等卖完了后再付另外一半。就这样搞了三个月，赚了一万多元。在我 40 多岁的时候，有 8 匹马做生意，一个人可以拉 1 000 斤的货从永宁运出去卖，转一圈回来基本要一个月的时间。

做生意的时候，对做驮运的骡马是很有感情的。有一年我花 300 元买了一匹红色本地骡，它有 38 岁了，是一匹很温和、不调皮的老骡子。它给我驮运了两年之后，就老了，干不动了。有人来收骡马，出 250 元想买回去做菜马（杀了吃肉），这个价格还是可以的，但我对它是有感情的，不舍得卖。后来它死了之后，我就把它埋到山上去了。

我年轻的时候做生意，爱喝酒、打架，那时候脾气是不得不暴躁。以前的社会（治安）不好，山高皇帝远，走到藏族、彝族地区，天天打来打去。那时候年轻，胆子也有点大。有一次走到江对面的俄亚大村，我和俄亚的一个年轻人干了起来，他拿刀出来砍，我就拿一根棍子跟他打。他打不过我，就回家取枪。我也不怕，追着他过去还要继续打，最后是他的父亲出来调和才算完的。还有一次，我的一头小牛不听话，我拿一个石头就把它搞翻，杀来吃肉。那时候我父亲天天就说："我这个儿子将来是要被政府带走的"。

我和我太太一共有四个孩子，三个女儿，一个儿子。大女儿是 1984 年生人，叫巴米，她出生的那年是最贫穷的一年了，现在她嫁给了本村的阿家。二姑娘是 1986 年生人，叫英支拉姆，嫁到香格里拉，那时我觉得她嫁得太远了。自从前年去香格里拉的路挖通之后，我们到她家只需要两个小时，很方便了。她家那个村子还是好的，只有 17 户人家，很安静，出产的粮食也好。大女儿和二女儿没有读过书，我父亲说女孩子不需要读书，在山上放羊、放牛就可以了。小女儿是 1993 年生人，叫噶茸拉姆，她学习成绩比较好，初中毕业后考上了高中，但是家里经济条件有限，就没有去读了，后来嫁到了树枝村。

独儿子叫米羊次尔（石学军），是 1990 年生人。儿子出生的时候，我父亲已经接近 70 岁了，得个孙子他特别高兴。根据我们这边的习俗，孩子出生三天要请东巴过来念经、取名。东巴取名是按照东巴经书推算出生的方位，再取名字。现在我儿子有点不听话，我觉得是他的名字取错了。当时我的大伯石生根独吉东巴年纪已经很大了，他传给杨多吉扎实给我们做仪式。那次是杨多吉扎实来念经，就说让我父亲给孩子起名。我父亲当时年纪也大了，又太高兴了，肯定把方位认错了，北和南反了。我儿子是属马的，按照经书上说，属马是出生在南方，我父亲给取成了北方的名字。独儿难教！他在加泽完小读了五年小学，六年级的时候我送他到托甸读中学。我千方百计地让他读，但是他不听话，不想读书。我送了三次，他都跑回来。唉！实在不想读就算了。他的优点就是不抽烟、不喝酒、不赌钱，他是不乱来的一个人。

摩梭儿女13岁都要办成丁礼。我们这里的风俗习惯是重男轻女，我家四个孩子的成丁礼，最隆重的就是儿子的了，现在我家用的神柜就是在儿子成丁礼时买的。那时我很高兴，给儿子买了一整套楚巴，还给他买了一把剑。成丁礼的仪式和以前是一样的规程，没有变化。在新年那天，儿子在家做完仪式后，背着剑，穿着楚巴，带着一些礼物，去给长辈们磕头，磕头是为了求神明保佑、延年益寿。长辈们就会给他送礼物，比如一条裤子、一套衣服、一把刀或者剑。当时我给儿子买的楚巴，后来他不穿，我就一直穿着了。

成丁礼是油米人很重要的一个仪式，记得我13岁成丁礼的时候，还在读小学。那时候家里人多，经济条件也不是很好，没有那么重视。当时家里给我买了一套新式的服装、一双鞋子。成丁礼仪式是在过年的时候才做，新衣服原本也是那时才穿。但是我成丁礼之前的那个冬天冷得不得了，杀猪节的时候我就提前穿上新衣服、新鞋子。所以过年做仪式的时候，衣服鞋子就旧了。成丁礼的那天，仪式很简单，父母亲烧个香，拜四方的大神保佑我，我就磕头，然后一只脚踩在猪膘上，一只脚踩在大米上，穿上预备的衣服和鞋子。我还记得那天我踩的是一块小小的五六十斤的猪膘。那时候杀一头猪要交五元的税，还要把一半的猪上交国家，剩下的一半才做成猪膘。猪膘太小，就像个棍儿一样。我父亲每年必须做猪膘，要用猪膘来拜年。我穿好衣服、鞋子后要去村里磕头，长辈们就随便送点钱，有的送五角，有的送一两块。阿公塔的爸爸阿次儿是永宁区的区委书记，也是我爸爸的外侄，他送给我三元，是给得最多的了，我有深刻的印象。

我成丁礼的腰带，是妈妈做的，到现在还在用。回顾一下，人的一生只需要这样一根带子。

大哥勉强我学侠武

1998 年我父亲去世的时候，我 38 岁，那时才感觉自己有点懂事了。我是家里的幺儿子，父亲在世的时候，是父亲当家。我模模糊糊的，这里挣一点钱，那里挣一点钱。父亲去世了，我就不得不当家了。

除了家庭的负担，我大哥石文君还勉强我学侠武。我大哥从父亲那里把侠武文化继承下来，现在父亲去世了，大哥也老了，他说侠武没人继承不行，但是一直没有找到传人。

所以我大哥要把这个传给我。我当时不愿意学侠武，做侠武耽误时间是不是？又没有报酬。我家里有四个孩子，我是家里的主要劳动力，也需要供养儿女，负担很重。但我大哥说："这个是民族的道理、民族的文化，你不得不学。这个文化丢了不好，要继承下来。"我父亲曾经对他说过这样的话，他又这样对我说。我大哥是勉强我学，我就只能学了。学侠武，我认为这是命运的安排。

我们纳西的文化中，东巴文化是在火塘边学习的，侠武文化是在路上学的。侠武是在白事上用的，很忌讳，所以不能在家里学。以前在山上打猎的时候在山上学，在河里摸鱼的时候在河边学。我父亲传给我大哥，就是带他到无量河边淘金的时候传授的。我是在道场上跟随大哥学习的，是"在战争中学习战争"。第一次道场就是我父亲去世的超度仪式，那个时候我什么都不会。后来我跟大哥做了很多道场。做道场的时候，一般情况下，东巴是杨多吉扎实，侠武是我大哥，他们分坐在锅庄的两边，我就坐在大哥的下边。唱的时候是他们先唱，我跟着他们学唱，这样逐步学会了。

除了在道场上学习，我大哥也带着我去外面。走到山林里砍柴找积肥，走到田地里干活，都可以一边干活一边学习。在靠近四川边境那里，我大哥有好几亩地，从家里走过去要一个小时。我大哥就在那里修了一个庄房，他就在庄房里教给我。在我们这里，如果离家远的地方有一块地，就做一个小小的房子，方便干活时吃饭和休息，收庄稼农忙时，也可以睡在那里，那就是庄房。我学了五六年之后，就差不多都会了。后来我大哥身体不好，做道场的时候他负责给我们指点一下，基本上就是我们来做了。

侠武要念经，要会唱会跳。我在学侠武之前，《烧香经》《祭祖经》《除秽经》《招魂经》，基本上都可以口述。《烧香经》还是父亲教给我的。侠武的唱，最基本的是掌握三大姓氏的迁徙路线，用歌唱出来。我们这里有三个姓，有不同的迁徙路线：阿家是送到泸沽湖、盐源、木里，石家是送到甘孜的亚丁，杨家人是顺江送到香格里拉、西藏，到十字路口处三家就合路了，往喜马拉雅山上送，一直送到天上。超度仪式的时候，侠武要唱几天几夜，嗓子要好。我嗓子还是可以的，不过在我大哥的超度仪式上，我就唱哑了。

侠武的舞都是简单的，像打仗一样，意思就是压倒魔鬼。舞有好几种跳法，在道场上白天晚上都要跳。跳舞的时候，一手拿宝剑，一手拿红缨枪，准备战斗了。侠武的法器，是自己做的。我有两个法器，一个是宝剑，一个是红缨枪（由杆子和菱形的枪头组成）。侠武必须掌握仪式的规程，在道场上问东巴仪式举行到哪里了，就知道下一步该做什么了。

在学习上，我还是有一点悟性的。我读到初中学的是汉文，不会写东巴文。我跟随大哥学习唱的时候，为了不忘记，就用汉文把它写出来。用汉文记的话，是有点走音的，毕竟纳音和汉话是不同的。但我是摩梭人，掌握我们民族的音调，知道怎么念纳音。我写成汉文以后再念给大哥听，他说："对了，这样就可以了。"那个时候没有手机，不能录音，学得很困难。现在年轻人可以用手机录音，不懂的地方就反复听，简单很多了。

1998 年我刚开始学侠武的时候，我大哥带着我、阿公塔和杨生根独吉，用了三天时间把侠武的中心思想都写了下来。是阿公塔来书写的，总共写了三本经书，包括献茶、敬酒、献马等主要的内容。这套书把侠武的中心内容给恢复起来了，侠武又从口传写成了文字。不过写下来的还不全面，只有基本的中心思想，跳舞唱歌的都没有写下来。我大哥希望把所有的歌舞都写成文字，但现在还没有做到，歌舞还需要手把手教。现在写下来的侠武经书，已经送到国家博物馆了。我把经书复印回来，给了本村的石阿鲁和杨光次、次瓦的杨巴塔等，每个学侠武的人都保留一份。

我是我大哥的第一个徒弟，后面有石松农、杨生根独吉、石阿鲁等，陆陆续续有七八个人来学侠武。十四五年前，有一次我大哥病得厉害，差点去世，那个时候我还没学会。如果他那次去世的话，我们侠武文化就失传了。我意识到这一点，就开始认真学习了。现在侠武的基本知识我已经有所掌握了，但还是不完全的，还要继续学习。

做侠武之后，我的脾气也变温和了，民族文化还是会教化人的。但做侠武很耽误时间，肯定影响了生活和照顾家里。我49岁那年家里修房子，缺小料，我一个人牵一头牛、一匹马去山上伐木。刚刚上山两个晚上，村里有个老人过世，要我下来做仪式。做白事是要推算的，有时候要七八天才能做完。做完一个仪式我又上山，结果在山上住了两天，又有个老人过世，我又下来送葬一个星期。后来那段时间，又接连有两位老人过世。我就来回往返，砍一次小料下山做了四次仪式。和东巴一样，作为一个侠武身不由己，走上这条路，就是你干这份工作一样，不得不承担这个义务。除了油米的仪式要做，次瓦、落科等村子的摩梭人家也要服务，有时候也要去四川做仪式。四川的姑娘嫁到我们这里，她的父母亲去世的时候，也请我过去四川那边。

做了侠武之后，家里的一切都得抛弃。我太太还是支持我的，她很平和，我们相处得很和睦。但是我大女儿说："爸爸学侠武之后，有人去世他就去做仪式，家里什么事情也不管，都是妈妈一个人在做。有一年去世的人太多了，家里面什么活他都做不了。我那时候不想读书，就想回来帮妈妈，妈妈太累了。"以前我父亲做东巴的时候，全家人都在家里，没有人外出打工，那时家里是不忙的。现在不一样了，很多人都出去打工，我做侠武后家里的活做得少，出去做生意挣钱也少。

当村长是一种磨炼

2004—2013年，我总共做了三届村长，村里很多人叫我"老村长"，当村长对我来说，也是命运的安排。油米是一个小小的村庄，但它被评为国家级的传统古村落。当村长说起来容易，做起来难。我当村长的时候一个月有20元钱的补贴，但只能蹲在家里，不能外出，钱也挣不到，也见不到外面的世界。

有一年政府有个修建水塘的项目给我们村，项目款总共有15万元。全村的村民集体论来论去，决定把项目更改一下用在修公路上。我向政府打申请报告，政府开始不同意改，后来我一次次地去申请，烦来烦去，最后政府还是同意按照我们要求的更改了，修了这条从加泽到油米的乡村公路，还是毛路。这 15 万元中，政府已经用 3 万元买了树苗。为了凑齐修公路的钱，我们全村就要重新把这 3 万元集资出来，每户集资 300 元。村里有 5 户没有交集资钱，最后用我两个多月修路做工的工钱给抵上的，大概 1500 元。我们这里都是亲戚，也就这样算了。修公路要占用土地，总共影响了三家的承包地，都需要赔偿。但村里没有钱去赔偿，就集体写好了证明来说和这个事情。到 2016 年国家的特困户项目下来，优先把这三家列为特困户，才算了了这件事情。通村里的路真的不容易，大多数村民是听话的，懂得我们习俗的人、信仰宗教的人还是好管的。

油米这个地方，不搞水池是不行的，不通电也是不行的。如果都不建的话，我们搞什么建设？但修水池、通电都是不容易的。我们东巴文化里有种说法，水不能通到家里，吃水的话，要去水井里背来吃。油米下村需要建一个公共水池，但是没有公共的地方可以用。后来还是建在我家承包地上，那里地理位置好，建一个水池也占不了太多的地方，建好了大家用水就方便了。

2013 年村里通电的时候，要安装变压器和电杆，也要占用土地。我去别的人家协商，他们都说自己土地少啊，这个也不要，那个也不想。油米的电桩不弄是不可能的，最后也是安在我家土地上了。

建水池、修电杆最后放在我家地里，我家土地多，没关系的。我太太是很宽和的一个人，一点半点是不会计较的。

我当村长的时候，有人说这个做得对，那个做得不对。我觉得做事情，完美是不可能的，人无完人。基本上 70% 的人赞成了，就好了。村民对我还是好的，还是认可我的。现在我家是贫困户，就是村民评的。我说，比我穷的人很多，这个名额给别人，但村民们说："变压器安在你家承包地里，很多电桩栽在你家承包地上，水池也建在你那里，特困户应该评给你。"有了特困户补贴房屋的政策，我才修得起现在的新房，共产党的光辉照到我家里来了。

在社会上经风雨、见世面是一种磨炼，当村长也是一种磨炼。现在磨炼得成熟了，我的脾气性格都和蔼了，是不是？后来是杨宝荣接班继续当村长，他干得还是很好的。

文化消失是一种罪过

2019 年我大哥石文君去世了，他的道场是我主持的，我哭得很悲伤，这次道场是我记忆最深刻的了。我是大哥最大的徒弟，从那之后，我就是道场上的总管，以前大哥会给我指点，现在没有人给我指点了。我庸庸碌碌的，有点担心。有时候，我自己都还一知半解，侠武想要精通很不容易。我们村拜过师父的杨光次和石阿鲁，学的侠武都还不全面。他们还要继续跟着我学习，大哥的徒弟又变成我的徒弟了。

2019 年我做了三个道场，两个在油米，一个在加泽，还是顺利的。在加泽的那个道场送走的人比我小 4 岁，因患高血压去世的。那个道场上杀了两头牛，应达女儿牵一头，儿子牵一头，杀牛就是必须招待客人一顿饭的意思了。我这个人是送了好多人了。

现在我也老了，年纪大了。去年海螺还吹得很好，今年吹海螺的时候气有些跟不上了。我认为我们村必须有七八个侠武才对。学侠武的人嗓子必须好一点，不仅要会唱，声音也要洪亮。现在在读过书的年轻人记性好，学过汉文再来学侠武是比较容易的，还可以把侠武写成文字。用手机先把侠武的歌给录下来，再慢慢学。不过现在年轻人就是没有时间，他们需要供养学生和照顾家庭，都去打工了。而且有些年轻人连我们本民族的话都说不全了，还爱唱流行歌曲，我说："你们要唱的话，我们的民族歌曲你们学一学。"我希望我们这边的年轻人多多地来学，必须是年轻人来学习，才能传承侠武，这样侠武文化才不会失传。文化消失是一种罪过。

我们这个民族有一整套的侠武规程，是用在道场（白事）上的。在道场上，东巴和侠武是相互配合的。你中有我，我中有你，紧密相连。东巴念的是经，我们唱的是歌，跳的是舞蹈。我们是武将，武将就是要压倒魔鬼，跟着东巴一起来压倒一切魔鬼。侠武和东巴一定要相互配合，东巴念到什么时候，我们侠武就要唱到、跳到什么时候。学习侠武文化必须认识东巴文化。东巴和侠武是紧密联系在一起的。

我做侠武22年了，我认为东巴文化对人有一种约束作用，对人有一种教育作用，你学懂了，你理解了，就像法律一样，懂了的人就不会乱来。侠武是我们本民族的文化，学习侠武是一种修炼，我们自己的性格也豁然起来了，这是我们文化的影响。

东巴要传承，侠武也要传承，一代一代地传承到今天。清华大学赵丽明老师说得很好，她说："在油米村，东巴文化还在传承着，还在守护，还在发展。"我也这样希望，要多多的年轻人来学侠武，把这个传承下去。

杨那本，1973 年生人。1985 年拜杨英塔为师开始学习东巴，杨英塔去世后又拜树枝村的石宝雄为师。杨那本东巴目前的应达为油米村的四家人、树枝村一家人，他育有两子，大儿子正跟随他学习东巴。杨那本东巴一家居住在油米村东面象山上的田湾子，离油米村颇有些距离，他颇喜欢保留和种植当地老品种作物。

杨那本东巴

① 杨那本东巴。因杨那本东巴只会讲摩梭语，
无法用汉语进行交流，不符合口述采集的
要求，本书仅保留对其生平的简述

2018 年 7 月，受宋一青教授之邀，我加入农民种子网络，从此与"种子"结缘。与伙伴们共同促进"农作物地方品种的就地保护和可持续利用"的工作也成为我研究乡村的重要组成部分。这支小型却精干的队伍，常年行走于乡间，20 年风雨无阻，足迹遍布全国各地。"做有种人，让世界有种有未来"的精神理念，早已深入到每一位的骨髓。表面上看，他们是与农民一道留住老种子，实际上是在留存与种子相伴共生的生产和生活方式，是从种子入手，推动农民自觉的家乡建设。油米村东巴口述史的采录与村落文化志的书写，就是这份心力最直接的见证！

中国的村落不是简简单单的屋舍和田园，它是农耕文明的物质见证，是乡民世世代代在生产生活过程中累积的记忆、情感和意义体系。乡村里一个老人家的离去，带走的是几十年的生活记忆，与他相伴的往事也便永久流失了。在采录口述史的三年间，石文君和石农布两位侠武相继去世，我们也越发理解日本民俗学家野本宽一曾经的感慨："传述古老民俗的老人是不会等我们调查之后才奔赴黄泉的。"这是一项抢救性的工作,抢救记忆已迫在眉睫。

我一直认为编写农民口述历史不仅是对村落文化的系统梳理,也是对我们生命的再一次称量。乡村归来,每个人都会对自己的生命产生更深的认识。但做口述史是有条件的——信任是讲述的基础,真情是倾听的前提。只有这样,才能走进讲述者的精神世界,才能记录平淡生活背后的心灵感悟。创造一种条件,支持一个人清晰的自我叙述,其意义不仅仅是给一个普通人以表述自我的权力,更具有在社群生活中重新认识自身价值的契机。无论将其视为理念还是方法,都对采录者有很高的要求。如果我们自身没有足够的能量,没有对生活的感知能力,采访必定是无效的。因此,要想成为一个训练有素的口述采访者,必须让自己的内心充盈,同时要做到与讲述者心灵和情感的契合。从这个意义上说,农民种子网络团队共同做的事情,是在建设乡村,也是在建设自己的心灵世界。

在油米村工作前后三年的时间里,团队的伙伴们受尽了我的"折磨",一次次走访,无数次的核对与修改,贯穿了这本口述史的始终。幸运的是,这些严苛的要求并未减损他们服务乡村的热情,反倒使纯正而善良的发心变得更加坚定。每想至此,言说不尽的感动就会顿袭心头。

此时，与团队一起走访东巴、与村民共度摩梭新年、拜神山、敬河神的日子，宛在眼前，8 位东巴和 2 位侠武的声音犹在耳际。我相信，这样的相遇是今生命定的约会！

孙庆忠

辛丑年立秋

油米村三大家族东巴谱系

杨家历代东巴谱系 [1]

01. [naŋ˩ʥe˥bu˩ɳi˩ʙɣ˥]　　　那本布尼比的威力神 [2]

02. [iŋ˥ʈʂə˥tɕe˩ɳi˩ʙɣ˥]　　英支甲尼比的威力神

03. [iŋ˥ʈʂə˥bu˩ʈʂʰu˩ʙɣ˥]　英支布树比的威力神

04. [bu˩mu˩ɣa˩ɳi˩ʙɣ˥]　　布不嘎尼比的威力神

05. [bo˩zo˩tʰa˩ɳi˩ʙɣ˥]　　布汝塔尼比的威力神

06. [gu˩ma˩ʙɣ˥]　　　　　古玛比的威力神

07. [ga˩zo˩ʙɣ˥]　　　　　嘎左比的威力神

08. [gə˩gu˩ʙɣ˥]　　　　　格果比的威力神

09. [guŋ˩bu˩ʙɣ˥]　　　　果布比的威力神

10. [xa˩ba˩tɕa˩ɳi˩ʙɣ˥]　哈巴甲尼比的威力神

11. [xa˩ba˩zo˩ɳi˩ʙɣ˥]　　哈巴左尼比的威力神

12. [iŋ˥t̠ʂə˩tʰa˥ɲi˩ʙɣ˩]　　英之塔尼比的威力神

13. [ma˩ɲi˩ua˩ɲi˩ʙɣ˩]　　麻里瓦尼比的威力神

14. [ga˩zo˩ʙɣ˩]　　嘎左比的威力神

15. [i˩ɕo˩ta˩ɲi˩ʙɣ˩]　　依下塔尼比的威力神

16. [bo˩bu˩dy˩ɕi˩ʙɣ˩]　　波布独吉比的威力神

17. [dy˩tɕi˩tsʰɚ˩ʙɣ˩]　　独吉次尔比的威力神

18. [gə˩tʰu˩zo˩ɲi˩ʙɣ˩]　　嘎土左尼比的威力神

19. [gə˩ma˩zo˩ɲi˩ʙɣ˩]　　古玛佐尼比的威力神

20. [iŋ˥t̠ʂə˥tʰa˩ɲi˩ʙɣ˩]　　英支塔尼比的威力神

21. [a˩tɕa˩ɽ˥ɲi˩ʙɣ˩]　　阿子尔尼比的威力神

22. [gə˩gu˩ʙɣ˩]　　格果比的威力神

23. [a˩mi˩d̠o˥xɽ˥ʙɣ˩]　　多吉扎实

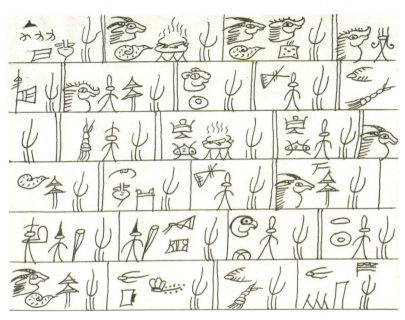

杨家历代东巴谱系（东巴文）

3

阿家历代东巴谱系国际
音标－汉文对照版，由
阿公塔东巴诵读，衣莉、
和丽昆注音整理。

01. [naˈboˈʅˈtsiˈkʰɯ]　　　　那布山脚下

02. [waˈliˈuˈbuˈdɯˈʂʰɯ]　　阿家祭司的威力神

03. [waˈiˈaˈkʰʅˈbu]　　　　我祖父辈的威力神

04. [ɕiˈʅˈɕiˈboˈbu]　　　　什责什布祭司的威力神

05. [ɕiˈboˈmaˈtɕiˈbu]　　　什布搬斤的威力神

06. [maˈtɕiˈzaˈtɕiˈbu]　　　搬斤阮斤的威力神

07. [zaˈtɕiˈdyˈtɕiˈbu]　　　阮斤堆日的威力神

08. [dyˈtɕiˈaˈtɕʰiaˈbu]　　堆日阿加的威力神

09. [aˈtɕʰiaˈɡəˈzoˈbu]　　阿加格若的威力神

10. [ɡəˈzoˈaˈpʰuˈtsʰəˈtʰəŋˈɲiˈbu]　格若阿普次尔塔的威力神

11. [jaˈmaˈtʰəŋˈɲiˈbu]　　　雅玛塔的威力神

12. [ɡuˈfuˈbu]　　　　　　公父的威力神

13. [naˈfuˈbu]　　　　　　那父的威力神

14. [laˈbaˈzuˈɲiˈbu]　　　拉巴初的威力神

15. [xˈbaˈzuˈɲiˈbu]　　　哈巴初的威力神

16. [tʂʰaŋˈbuˈbu]　　　　团布的威力神

17. [tʂʰaˈʅˈbu]　　　　　团忍的威力神

18.	[ja˥ma˦tʰəŋ˥ɳi˥bu˩]	雅玛塔的威力神
19.	[ja˥ma˦ɣa˥ɳi˥bu˩]	雅玛嘎的威力神
20.	[a˥fu˥bu˩]	阿布的威力神
21.	[mba˥zo˦bu˩]	巴若的威力神
22.	[jo˥zo˦bu˩]	约若的威力神
23.	[pʰɤ˩ga˩˥˥tsi˥kʰɯ˩]	盘该山脚下
24.	[ŋa˥i˥ɛ˥pʰybu˩]	我爷爷辈祭的威力神
25.	[kʰɤ˥zo˦tʰəŋ˥ɳi˥bu˩]	科若塔的威力神
26.	[aŋ˥ɣa˥bu˩]	阿嘎的威力神
27.	[a˥sa˥bu˩]	阿萨的威力神
28.	[ga˥zo˦bu˩]	刮若的威力神
29.	[ja˥ma˦mu˥ɳi˥bu˩]	拉玛布的威力神
30.	[ja˥ma˦tʰa˥ɳi˥bu˩]	拉玛塔的威力神
31.	[tʂʰu˥tʰa˦ɤ˥ɳi˥bu˩]	初支尔的威力神
32.	[a˥zo˦bu˩]	阿若的威力神
33.	[a˥sa˥bu˩]	阿萨的威力神
34.	[la˥u˥u˥˥˥kʰɤ˩]	拉窝山脚下
35.	[la˥kʰɤ˩a˥sa˥bu˩]	我爷爷和父亲的威力神
36.	[la˥kʰɤ˩u˥ma˥tsʰɚ˥bu˩]	我爷爷古玛次尔祭司的威力神

37. [uˈbuˈbuˈ] 公布的威力神

38. [aˈtɕiaˈbuˈ] 阿加的威力神

39. [dyˈ˩ˈtʂaˈɕiˈbuˈ] 独吉扎实的威力神

40. [gəˈgoˈtʰaˈɲiˈbuˈ] 格公塔的威力神

41. [jaˈtsʰuˈdyˈ˩ˈbuˈ] 甲初独吉的威力神

42. [aŋˈɣaˈjaˈpʰuˈkʰɤˈzuˈliˈɲiˈbuˈ] 我爷爷科左里祭司的威力神

43. [aŋˈɣaˈjaˈsiˈdyˈ˩ˈtsʰɚˈbuˈ] 我父亲独吉次尔的威力神

44. [xɑˈbaˈtsʰɚˈbuˈ] 哈巴次尔的威力神

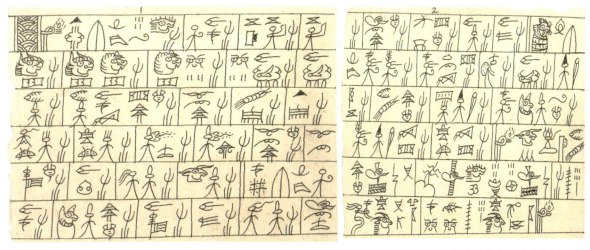

阿家历代东巴谱系（东巴文）

4

石家历代东巴谱系国际
音标-汉文对照版，由
石玛宁东巴诵读，衣莉、
和丽昆注音整理。

01. [ɕi˥la˦dɯ˥]   拉多的威力神

02. [jo˥zo˦]   佑左的威力神

03. [u˥ma˦tɕi˥]   古玛吉的威力神

04. [xɑ˦pɑ˦pu˦]   哈巴布的威力神

05. [ɲi˦tsʰe˩]   吉泽的威力神

06. [jɑ˦ɑ˦]   佳阿的威力神

07. [ɣu˦maŋ˥ɣɑ˩]   古玛嘎的威力神

08. [baŋ˥ɣɑ˩]   巴嘎的威力神

09. [ba˥tɕiə˩]   巴甲的威力神

10. [gu˞˦sɑ˩]   公撒的威力神

11. [naŋ˥mu˥tɕɑ˦]   男波甲的威力神

12. [ɣu˦maŋ˥ɣɑ˩]   古玛嘎的威力神

13. [kʰə˦zəu˦tɑ˦]   棵佐塔的威力神

14. [seŋ˥gəu˦tɕɑ˦]   生根佳的威力神

15. [ba˥zo˦]   巴若的威力神

16. [iŋ˥du˦tsʰɚ˦]   英之次尔的威力神

17. [seŋ˥gəu˦zo˦]   生根茸的威力神

18. [dy˥dzʅ˥]　　　　　　　多吉的威力神

19. [ʂɑ˥na˥]　　　　　　　祥纳的威力神

20. [so˥no˥tʰɛ˥ɕi˥]　　　　松农扎西的威力神

21. [mi˥ȵi˥ɑ˥zo˥]　　　　　米念若的威力神

22. [muŋ˥u˥ɣɑ˥]　　　　　古玛嘎的威力神

23. [iŋ˩du˥tɕɑ˩]　　　　　英之佳的威力神

24. [tsʰɚ˥]　　　　　　　　次尔的威力神

25. [bə˥mu˥tsʰɚ˥]　　　　波布次尔的威力神

26. [tɕi˥gu˥tʰe˥]　　　　　吉果品的威力神

27. [seŋ˩gəu˥dy˥tɕi˥]　　　生根独吉的威力神

28. [mi˥ȵiɑ˥zo˥]　　　　　米念若的威力神

29. [iŋ˩du˥tʰɑ˥ɕi˩]　　　　英之扎实的威力神

30. [ɚ˩tɕʰi˥]　　　　　　　尔车的威力神

31. [maŋ˩de˥]　　　　　　　那本的威力神

32. [iŋ˩du˥tsʰɚ˥]　　　　　英之次尔的威力神

33. [i˥ɕiə˥dy˥tɕi˩]　　　　玉吓多吉的威力神

34. [dɛ˥ɕi˥nu˥bu˩]　　　　扎西农布

石家历代东巴谱系（东巴文）